自社ホームページにアクセスした企業を「見える化」して、10件の電話営業だけで売上をアップさせる技術

3ステップで
誰でも出来る
無料のWeb
マーケティング

3 Steps
Marketing
Automation

営業支援コンサルタント
熊谷竜二
Ryuji Kumagai

誠文堂新光社

営業支援コンサルタント
熊谷竜二 Ryuji Kumagai

自社ホームページに
アクセスした企業を
「見える化」して、

10件の電話営業だけで売上をアップさせる技術

3 Steps Marketing Automation

3ステップで
誰でも出来る
無料のWeb
マーケティング

誠文堂新光社

第4章

アクセスログの取得 145

はじめに

営業成果を上げるための本当の近道を教えます

あなたの会社ではムダな営業コストを掛けていませんか？
今の時代、新規顧客を獲得するのは大変なことですよね。

でも新規顧客の開拓は企業の生命線。継続していかなければ、企業は成長はおろか衰退していってしまいます。

新規顧客開拓はいつの時代も企業の大きなテーマです。

ダイレクトメール（以下、ＤＭ）を送るのも、インターネットに広告を出すのも、ホームページを立ち上げてSEO対策をするのも、それらの大半は新規顧客を獲得するための活動です。

しかしその大半がムダに終わっていることをあなたは感じているはずです。

20年前はセンミツ（1000通のDMを送って3件の見込客を獲得出来ること）といわれたダイレクトマーケティングの見込客の獲得率も、今では0・1％（1000通で1件）あればいい方だといわれています。

実に**99・9％以上がムダ打ちに終わっている**わけです。

営業の成果が上がらない企業の中には、このムダ打ちの営業コストが捻出出来ずに売上が伸びていかないという悪循環に陥っている企業も多いと思います。

そして、これを当たり前と思って部下に営業をやらせてはいないでしょうか？

でもちょっと待ってください。

そのムダ打ちの常識は本当に正しいのでしょうか？

これから本書でご紹介させていただく方法は、あなたの新規顧客開拓に対する認識を大きく変えるキッカケになると断言出来ます。

何故なら私自身が、多額の費用を掛けることなく売上を大きく伸ばした営業方法を自ら実施して、体現出来ているからです。

この**3ステップ営業法を実行するだけで、見込客の獲得率は飛躍的に向上する**のです。

営業でヤルことは3つだけ

私が行ったことはたった3つだけです。

それも極めて機械的で簡単な作業です。

その作業を行っただけで、**何とたった3カ月で売上は50倍になりました。**

これは私が起業したばかりの時の話ですが、実際の話です。

あなたが起業したばかりの会社であれば、決して大げさな話ではありません。

自分の会社が上手くいったこの方法で、私は累計1000社以上の企業様の営業支援を実施してきました。

その結果、**どの企業でも同じ様に新規顧客数を伸ばし売上アップを実現出来ました。**

つまり再現性のある確実な手法なのです。

しかも、誰にでも簡単に実施することが出来る方法です。

私が行ったのは……、

●メールを送る

●ホームページのアクセスログをチェックする

●電話営業をする

たったこれだけです。

この営業方法を実践することが、ムダ打ちの営業コストを削減出来る唯一の方法といってもいいでしょう。

しかもこの3ステップ営業法は、

ほぼ無料です。

費用を極力抑えて行えるのです。

そして、スタッフに新たな専門知識を教える必要もありません。
そのため、スタッフの人件費、教育時間も大幅に削減出来るのです。バリバリのベテランスタッフがいなくても確実に獲得率が向上します。

何故、この手法でそんなに劇的な営業の成果が出るかというと、
それは……、

ニーズのある企業がわかるため、
ニーズのある企業にしか営業をしないからです。

だから簡単に成果が出るのです。

想像してみてください。
街中で、あなたの商品に興味（ニーズ）をもっている人の頭の上にあなたにしか見えない旗が立っていたとしたら……、

きっとあなたはすぐにその人に声を掛けながら名刺を渡しますよね？

もし、そのようなことが本当にわかれば……、

〝間違いなく売上は上がる〟ことが想像出来ますよね？

そんな魔法のような方法があるはずはないと思われるかもしれません。


でも、この本でご紹介する手法は正に魔法のような方法なのです。


電話営業なんてやったことが無い、自社のスタッフでは出来ないと思うかもしれません。

でも考えてみてください。

ニーズを持っている人に電話をするだけですから、こんな簡単なことはありません。

そもそも電話営業は断られるから、憂鬱になるわけですよね？

電話した結果、ポンポン商談が決まっていったら、こんな気持ちのよいことはありません。

しかも電話営業をするのはたったの10件だけ。

もちろん、ただ電話すればよいというものではありませんが、その手法や電話営業に必要なトークスクリプト（営業の会話シナリオ）の作り方もすべてご紹介します。

この本でご紹介する手法をそのまま実施していただければ、電話営業を行ったことがない新人の営業マンでも確実に結果が出せます。

つまり、この本さえ読んで、そのまま実施していただければ、誰にでも新規顧客の獲得を大きく伸ばし、売上アップが実現出来るのです。

ホームページを見た企業がわかれば営業は変わる！

「ニーズのある企業がわかる」

どうしたらこのようなことがわかるのでしょう？

そもそも「ニーズがある企業」とは、「あなたのホームページを見にきた企業」のことです。

今の時代、商品に興味があれば、その詳細を知るために、企業のホームページで商品情報を確認しますよね。

つまり「あなたのホームページを見た企業」がわかれば、あなたの商品に「ニーズがある企業」がわかるということです。

通常のホームページのアクセスログシステムでは、アクセス数くらいはわかりますが、どの企業が見てくれたかということまではわかりません。

では何故そのようなことがわかるのか、それは「メール送信と組み合わせている」からわかるのです。

メール文章の中に、あなたの商品の紹介と一緒に、商品のホームページのＵＲＬを案内します。

そのホームページのＵＲＬに、送信先の企業ごとに〝個別ＩＤ〟を埋め込んでおくのです。

個別のＵＲＬを送信するわけです。

この個別ＩＤが含まれたＵＲＬが参照されたことがわかれば、それはその企業がホームページを見たことの証拠です。

メールの中で紹介したあなたの商品の情報を読んだ上で、ホームページを見にきたわけなので、極めて高い確率であなたの商品に興味を持っていると言えるのです。

これが、**「ニーズのある企業がわかる秘密」**です。

個別ＵＲＬが参照されたかどうかは、後ほどご紹介します「Googleアナリティクス」などのアクセスログ管理システムで確認出来ます。

なんのことだかわからないかもしれませんが、アクセスログシステムとは、あなたの会社のホームページのアクセス状況を集計してくれるシステムです。このシステムを営業に取り入れるということです。

ホームページを見た企業に営業電話を掛ける。

聞けばとてもシンプルなやり方だと思われたと思います。

そのシンプルなやり方で、確実に売上を上げることが可能です。

これから具体的な手順を余すことなくご紹介していきます。

独立起業から1年半、地獄の売上0円生活

私は40歳になった時、18年勤めた一部上場の会社を辞め、起業しました。

妻と中学1年生を筆頭に3人の息子を抱えての独立でした。

2009年、リーマンショックの数カ月後という、これまでにない不況の時でした。

タイミングとしては最悪でしたが、40歳で勤め先を辞めることは決めていましたし、「ここがドン底ならあとは上がるしかないじゃん、むしろラッキー」くらいの自信もあって独立しました。

ところが、そこから1年半全くといっていいほど売上が立たない生活になったのでした……。みるみる蓄えは減っていきます。

私が大手の企業で養ってきた知識や、起業前に考えていたビジネスは全く興味を示してもらえませんでした。

DMを出そうが、電話営業、飛び込み営業をしようが全く仕事が取れない。

退職金の蓄えが減っていくのが怖くて、ジュースも買えず毎日ペットボトルに自宅で水をいれて営業に出ていました。

今でも覚えています。

靴の底がすり減っても、その修理費用を節約しての飛び込み営業の毎日でした。

渋谷で飛び込み訪問をしている時、雨が降ってきて1社1社の門をたたくも、ほとんど門前払い。

雨でふやけた踵が靴ズレし、皮が剥《む》け、靴の内側が血で滲《にじ》みました。

コンビニでバンソウコウを買い、雨の降る公園のベンチに一人座りバンソウコウを貼っていた時、

「この先の生活の不安」と、

「自分は結局、何の才能もないのではないか」という無力感、
そして孤独感、とてつもない恐怖心を抱え、なにより家族に対する申し訳ない気持ちから、絶望に近い心境でした。

誰にも相談することも出来ない、逃げることも出来ない不安の中で、家族だけは路頭に迷わせられないという思いだけで、ただひたすら自分が出来ることを模索し、実施してみる。これを繰り返すだけでした。

夜は眠れず、ベッドから見える月に手を合わせて祈ったこともありました。

とても長く、眠れない、苦しい時間でした。

独立から1年半が過ぎた頃、

「自分のサービスに興味を持っている人（企業）が事前にわからないだろうか」

というシンプルな発想から、今ご紹介した方法を思いつきました。

そしてこの仕組みを使い営業を実施したところ、それまで全く成果の出なかった営業に変化が出てきたのです。

次のように変わりました。

●営業するべき相手がわかる

⬅

●相手がわかったことでアプローチの効率が変わる

⬅

●見込顧客の獲得が向上する

⬅

●そして売上は急上昇

その営業のやり方を取り入れて以降、家族5人食べていく心配をすることはなくなりました。それでも独立からの1年半を思い出すと、今でもとても怖くなります。

自分が窮地から脱することが出来たこの営業方法は、多くの起業したての経営者や、営業が上手くいかずに悩んでいる企業にも、きっと喜んでもらえるはず。

この本は、昔の私と同じように売上に悩まれている経営者の力になれたらという思いで書き上げました。

本書でご紹介する「ホームページにアクセスした企業がわかる」という技術は、マーケティング・オートメーションというキーワードで米国で普及し、私がこの手法を実践していた当初は日本には無いものでしたが、２０１４年頃から日本でも少しずつ普及し注目され始めています。


新規顧客獲得が難しいと言われる中、当社はこの方法を使って自社の商品であれば平均10%（見込顧客数の獲得結果）を出しています。

つまり１００社電話をすれば、10社の見込顧客を獲得出来ているということです。

一般的な電話営業による商談獲得率が１～２％と言われていますので、この数字がいかに高いかご理解いただけるかと思います。

本書では、今ご紹介した方法（3ステップ営業法）はもちろん、メール文章の書き方や、電話営業トークスクリプト、手順やコツも取り上げていきます。

まずはここに書かれていることを実施してみてください。
あなたの会社の売上は、きっと大きく伸びることと思います。

3ステップで
誰でも出来る
無料のWeb
マーケティング

自社ホームページにアクセスした企業を「見える化」して、10件の電話営業だけで売上をアップさせる技術

装丁　ライラック
本文ＤＴＰ　内海由
編集　青龍堂
企画協力　ネクストサービス株式会社　松尾昭仁

第1章

営業がヤルことは3つだけ

1-1

簡単な3ステップ営業法

ニーズのある顧客がわかれば営業は加速する！

多くの企業では新規顧客開拓のためにＤＭや、インターネット広告、電話営業など様々な手段を講じているかと思います。

しかしそれらの手段の多くはムダ打ちが多く、打率が非常に悪く悩まれていることと思います。

そもそも新規顧客開拓の営業は非常にムダ打ちの多い、効率の悪い業務です。

例えば現在のＤＭは１０００通出して１つ返事がくるという確率です。

実に、**99.9%のニーズのないターゲットにお金を掛けてDMを送付している**わけです。

中小企業でよく使われる電話営業も同様です。

１００件の電話をして1件、わずか1％の商談が取れるかどうかという営業を行っています。高い人件費を掛けながら99％のコストをムダにしてしまっているのです。

このように多くの企業が新規顧客を開拓するために多くのコストをムダにしてしまっているのです。

これを改善するには、

アプローチを掛ける前に、

「ニーズのある企業を見極め、その企業にだけアプローチをする」。

これこそが、ムダ打ちを減らし、利益アップの近道となる営業手法なのです。

あなたの会社の商品を待ち望んでいる潜在顧客がどこにいて、どのような商品を望んでいるのか、それがわかれば、どんな営業マンでも簡単に商品を売ることが出来るのです。

つまり営業で最も大切なことは……、

ニーズのある潜在顧客を効率的に見つけ、その顧客から優先して営業を掛けていく

ことなのです。

☑ アクセスログを取得すると潜在顧客がわかる！

では、あなたの会社の商品にニーズのある潜在顧客をどのように見つければよいのでしょうか？

その答えをお伝えする前に、押さえておいていただきたい情報があります。

博報堂生活総合研究所による2016年の「消費行動の調査」では、**「買う前にインターネット上の口コミを調べる」**と答えた人の割合は31・8％とあります。

3割近くの人が興味のある商品の情報を商品購入前にインターネットで調べているということです。

つまり自社のホームページで商品ページを見てくれているということは、かなりの確率で自社の商品に興味を持っている。すなわち「自社の商品にニーズのある潜在顧客である可能性が高い」と言えるのです。

自社のホームページで商品ページを見ている
＝自社の商品にニーズのある顧客である

したがって、自社のホームページを見た企業がわかりさえすれば、自社の商品にニーズのある顧客がわかるということなのです。

☑ 自社ホームページに、アクセスがなくても大丈夫

ホームページを見た企業がわかれば、営業が変わるという、ここまでの話を聞いて、

「ホームページはあるけれど、ほとんど顧客に見られていない」
「SEO対策などホームページアクセスを増やすことも必要なの？」
「ホームページは古いので作り変えなければ……」

などと思われた方もいるかと思います。

でもご安心ください。

現時点ではホームページは現状のままでオーケーです。変更をしたり、アクセスを増やす対策をする必要は全くありません。

なぜなら、**この3ステップ営業法を使えばホームページのアクセスも同時に増やしていくことが出来る**からです。

それではいよいよこの章から具体的な手順の話に入っていきます。

3ステップ営業法とは

この営業手法の目的は、**低コストで良質な商談を短期間で獲得する**ことです。

アメリカの現代マーケティングの第一人者であるフィリップ・コトラーは、「企業マーケティングの目的は、営業マンが彼らの高価な時間を最も効率よく使えるように、精度の高い商談を与えることである」

と言っています。

先述した通り、新規顧客開拓の営業は、大半がムダ打ちに終わる効率の悪い業務です。その中でも最もコストが掛かるのは人件費です。

企業は人件費の高い営業マンを有効に活用するため、いかにしてムダ打ちの業務を減らし、大切な商談業務に振り向けることが出来るかが、企業の良質な利益体質を作る上で大切になるわけです。

今からご紹介する営業手法は、大きな市場を効率よくフルイに掛けて、ニーズのある潜在顧客だけに絞り込むことが可能になります。

多額のコストを掛けることなく精度の高い見込顧客を獲得出来るようになるのです。

この営業で実施することは、たった3つのステップだけです。

ステップ①▼▼▼**メールを送信する**

ステップ②▼▼▼**アクセスログを取得する**

ステップ③▼▼▼**電話営業をする**

3ステップ営業法の流れ

それでは、3ステップ営業法の実際の流れを見ていきましょう。

ステップ①　メールを送信する

あなたの会社およびあなたの商品を知らないターゲットに〝商品を知ってもらう〟ため、あなたの会社がターゲットとする企業群に電子メールのＤＭを一斉に送ります。

送信するメールＤＭで商品の概略を伝え、潜在顧客の興味関心を引きましょう。加えて商品の詳しい情報が掲載されたホームページのＵＲＬを記載し、あなたの会社のホームページを見てくれるよう誘導します。これによりホームページのアクセス数は以前より増えるはずです。

ここでのポイントは、**ホームページにアクセスした人は、メールＤＭの内容に興味を持ち、より詳しい情報が知りたいと思った人だけ**ということです。

ステップ2 アクセスログを取得する

ホームページにアクセスしてくれた企業のアクセスログを取得し、ニーズを持った潜在顧客を見える化します。

ホームページにアクセスしてくれた企業が、何故わかるのか?

その秘密は、先に送信したメールDMの本文に記載した自社ホームページのURLにあります。

ホームページのURLに送信先の企業ごとに異なる〝個別ID〟を埋め込んでおくのです。

この個別IDが含まれたURLがメール上でクリックされ、ホームページにアクセスされると、後にご紹介しますアクセスログ管理システム（Googleアナリティクス）でアクセスログが取得出来、どの企業がホームページに

【例】

http:// あなたの HP.co.jp/?kcid= 個別ID

個別ID：001 → A コンサルティング株式会社

個別ID：002 → B 商事株式会社

アクセスしたのかがわかります。

これがホームページを見た企業がわかる理由です。

この仕組みは「メールDMの送信と組み合わせる」ことによって、ホームページを見た潜在顧客がわかるのです。

そして、ホームページのアクセスも同時に増やすことが出来るでしょう。そのため現時点であなたの会社のホームページにアクセスがほとんど無くても問題ないわけです。

以上の手順なら、自社の商品にニーズを持った潜在顧客を獲得することが出来るはずです。

ステップ3 電話営業をする

次に、ホームページを見てくれた潜在顧客に優先して電話営業を実施し、商談のアポイントを取っていきます。

この電話によるアプローチは、ニーズがある可能性の高い顧客だけに集中して実施するため、極めて高い確率でアポイントの獲得に繋がります。

企業リストに片っ端から電話を掛ける営業と比較すると、電話を掛ける件数が圧倒的に少なくて済み、ムダ打ちを大きく減らすことが可能になります。

ここでのポイントは**最もコストが掛かる電話営業（人件費）が抑えられ、費用対効果が高まる**という点です。

このように3ステップ営業法は、市場に存在する沢山の企業の中からあなたの会社の商品にニーズのある顧客を段階的に絞り込んでいくことで、コストの掛かる電話営業を最小限に止《とど》めることが出来る営業方法です。

42ページの図1－1のように、一番上の「市場」を大きなフルイに掛けて、順番に小さいフルイに掛けていくことで、よりニーズの高い顧客へと絞り込んでいくイメージです。

絞り込む過程で、顧客のニーズや営業状況に応じて、顧客の呼び方が、

潜在顧客 ⬇ 見込顧客 ⬇ 既存（成約）顧客

と変わっていきます。

3章以降で詳しくご紹介していく3ステップ営業法は、まさにあなたの会社の営業活動によって、大きな顧客層をフルイに掛けてニーズの高い顧客を絞り込んでいくことです。

顧客とは

一般的な「顧客」という言葉だと範囲が広くなってしまうので、本書では以下のようにニーズの高さに応じて顧客を分けて捉えています。

市場▼▼▼▼▼▼▼▼▼ 買い手および今後買い手になる可能性のある個人消費者や法人の集まり

ターゲット▼▼▼▼▼ 自社が成約に繋げたいと設定した顧客群業種や地域などの特定の属性でまとめられた顧客群。標的市場

潜在顧客▼▼▼▼▼ 売手との直接的な接点はないが購入の可能性、潜在的なニーズがあると思われる個人消費者や法人

※本書では特にホームページにアクセスした顧客を、潜在顧客と定義しています。

見込顧客▼▼▼▼▼▼購入には至っていないが、既に売手との接点を持ち、購入の可能性（ニーズ）が顕在化している個人消費者や法人

既存（成約）顧客▼▼既に売手から商品（モノ・サービス）を購入した実績のある個人消費者や法人

図1-1　営業の3ステップ

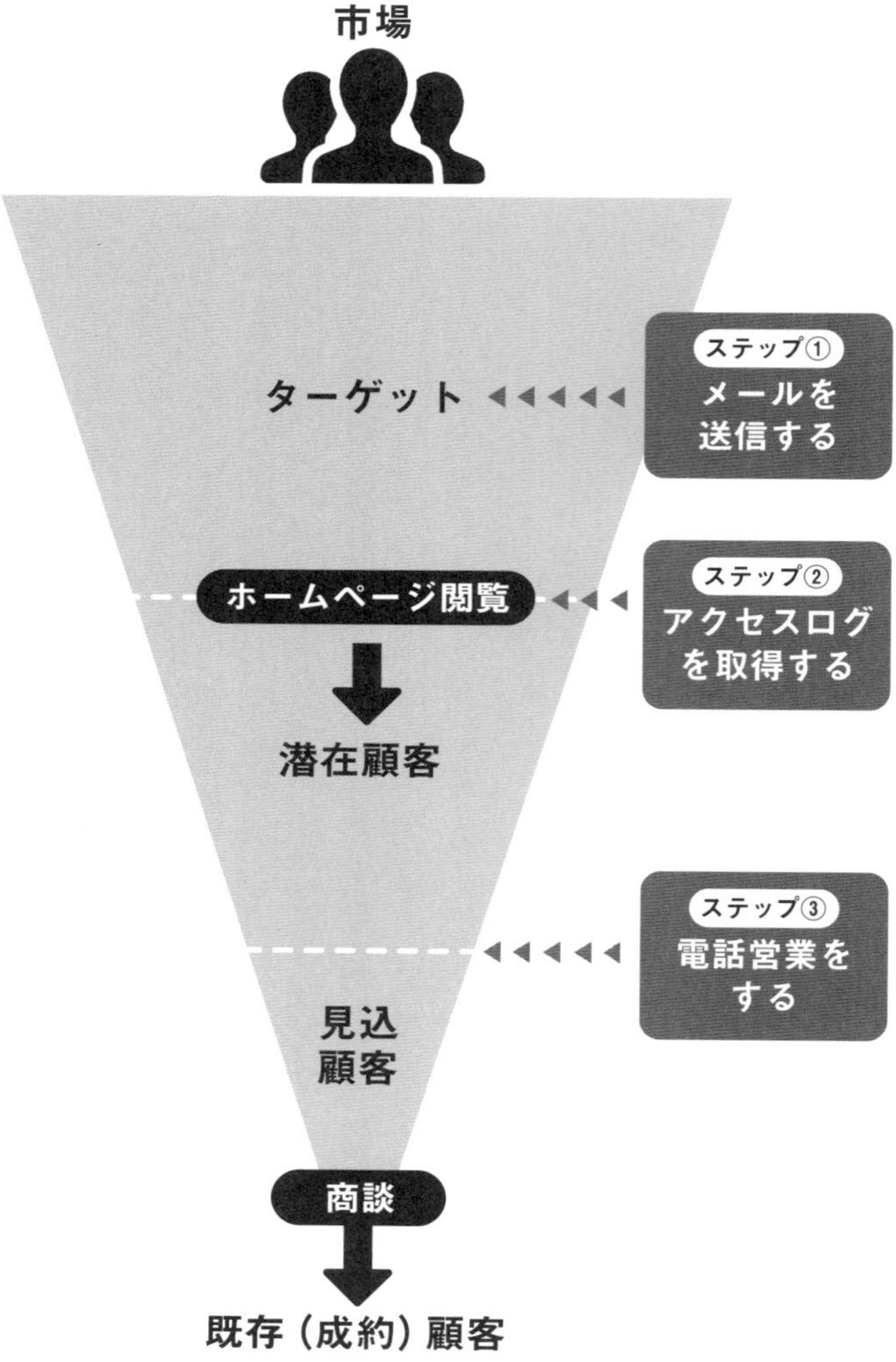

まとめ

3ステップ営業法

- メールを送信する
- アクセスログを取得する
- 電話営業をする

❶メールを送信する際のポイント

ターゲットの興味・関心を引き、ホームページに誘導する

❷アクセスログを取得する際のポイント

ホームページのURLに個別IDを埋め込むことでニーズのある顧客を見える化し、電話営業のアプローチ先の精度アップを実現する

❸電話営業をする際のポイント

潜在顧客の課題をヒアリングし、相手のベネフィットが伝わる適切な提案をしていく

1-2

ＡＤＡマーケティングとは

３ステップ営業法の詳しい解説に入る前に、理解しておいていただきたいことがあります。
それは「人が物の購入を決定するまでにとる消費者の行動プロセス」についてです。
接点を持たないターゲットとの関係を築き、購買まで導くために、３つのプロセスを理解してプロモーションを実施していくことが大切です。

本書では、この３つのプロセスを実施するマーケティング手法を「**ＡＤＡマーケティング**」と呼びます。

ＡＤＡマーケティングは、ターゲットに、

① Attention（注意を引く）
② Desire（欲求を喚起する）

③ **Action（行動を促す）**

というプロセスを実施する手法で、それぞれの頭文字をとった言葉です。

本書で紹介する「メールを送信する」「ホームページに誘導してアクセスログを取得する」「電話営業をする」という３ステップ営業法も、このＡＤＡマーケティングに則《のっと》った手法です。そのため、営業プロセスを構築するには、このＡＤＡマーケティングの考え方が非常に重要になります。

例えば、次の例を考えてみてください。

● あなたがいきつけの美容室で雑誌を読んでいた時、ある商品のことが紹介されているページを見て、その商品に関心を抱きました。

→ **Attention（注意を引かれる）**

● あなたは家に帰ってからインターネットでその商品のことを調べました。ホームページでその商品を深く知るとその商品への関心がより増し、欲しくなってきます。

↓**Desire（欲求を喚起される）**

●あなたは調べた情報を元に検討した結果、ついに商品を購入することにしました。

↓**Action（行動を促される）**

このように人が商品の購入を決定するまでの行動プロセスは、概ね同じような流れを辿《たど》ります。

※このＡＤＡマーケティングは、経済学者ローランド・ホール（Ｒｏｌａｎｄ　Ｈａｌｌ）によって提唱され、マーケティングでは広く知られるようになった「ＡＩＤＭＡの法則」にも則っています。

☑ＡＤＡマーケティングを構成する3つのプロセス

●Attention：気づきを与え注意を引く

最初の Attention は、ターゲットにあなたの会社や商品に気づき知ってもらう、「認知の段階」のプロセスになります。この認知段階で興味を持ってもらわなければ次の段階に進んでもらえないため、相手に気づきを与え注意を引く、大切な段階です。

3ステップ営業法では、1ステップ目の「メールを送信する」がこの段階に当たります。「メールを送信する」ステップでは自社が狙うターゲットに、あなたの会社の商品を案内することで気づきを与え、メール文章を読ませることで興味・関心を持って「ホームページへと誘導」します。

Attentionの目的
①注意を引くこと
②関心を持ってもらうこと
③次のDesireプロセスに誘導すること

●Desire：欲求を喚起する

Desireは、Attentionのプロセスで興味を持ったターゲットに対して、あなたの会社および、あなたの商品について詳しい情報を伝えると共に、ターゲットが知りたい疑問に答えることで「欲求を喚起する」プロセスです。

3ステップ営業法では、2ステップ目の「ホームページに誘導する」がこのプロセスに当たります。

メールDMにて興味を持ってホームページにアクセスしてきた潜在顧客に対して、ホームページ上で画像や動画などを駆使することでより詳細な商品情報を伝え、欲求を喚起しあなたが求める次の行動へと繋げていきます。

Desireの目的

① 欲求を喚起すること
② 次のActionプロセスに誘導すること

●Action：行動を促す

最後のActionは、欲求が高まった潜在顧客に対して「行動を促す」プロセスです。

3ステップ営業法では、3ステップ目の「電話営業をする」がこのプロセスに当たります。

電話営業では、ホームページを見て商品の欲求が高まった潜在顧客から、あなたの会社および商品に対する信頼を得て訪問による面談を取り付けます。

Actionの目的

①顧客の不安を取り除く
②あなたの会社が信頼を得る
③行動を促しゴールに繋げる

このADAマーケティングは、相手の心理状態に合わせて段階的に営業アプローチを実施することでスムーズに商品を訴求するマーケティング手法です。

後ほどご紹介します「メール文章」や「ホームページの構成」、「電話営業のトークスクリプト」を作成する際にも、このADAマーケティングを活用します。

図1-2　ADAマーケティングを活用した3ステップ営業法

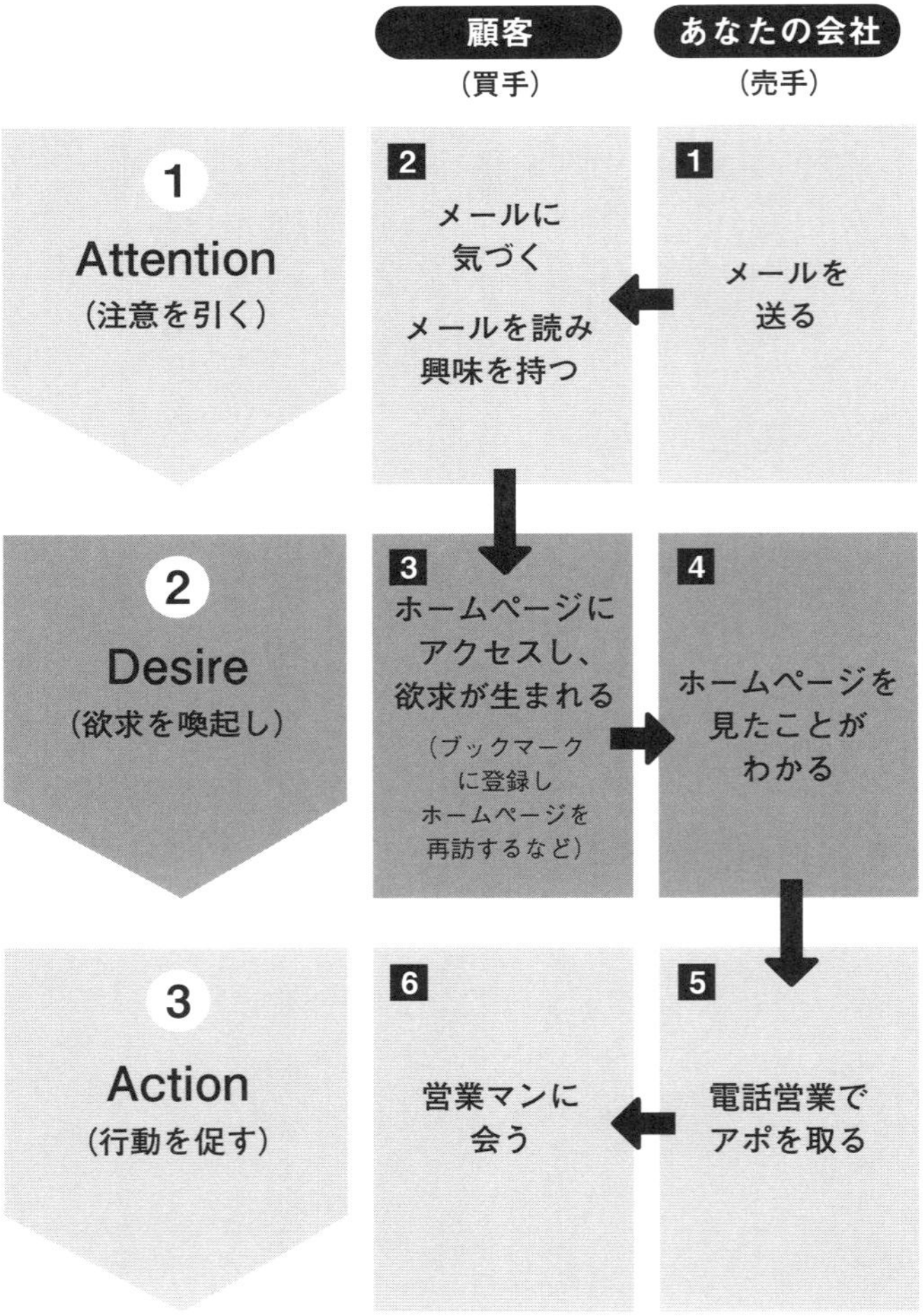

1-3

3ステップ実施の1カ月の流れ

3ステップ営業法の流れ

１カ月で実施する営業活動は、次の３つのステップです。

ステップ1 企業リストを作成しメールを送る

営業先の企業リストはインターネットの検索サイトで集めます。企業リストをまとめる時は、それぞれの企業ごとに個別ＩＤを設定することを忘れないでください。

あなたの商品のターゲットになりそうな企業を業種や地域をキーワードにして検索します。

そして検索結果で得られた企業のホームページでメールアドレスを調べ、そのアドレスへ商品・サービスの案内メールを送信します。

メールアドレスがホームページに公開されていない場合は、問い合わせを受け付けるための「問い合わせフォーム」に案内を送信します。

毎日50社を目安に案内メールを送信していきます。

1カ月で1000社に送ることになります。

50社×20日＝1000社

ステップ2 アクセスログを取得する

メールを送信すると、当日もしくは翌日には興味を持った会社からホームページにアクセスがあります。

ホームページにアクセスした企業は、Googleアナリティクスで個別IDから確認出来ます（確認方法は後述）。ホームページにアクセスがあれば、その企業は商品に興味がある可能性が高いということになります。

ホームページへのアクセス数はメール送信数に対して４～５％が平均です。

１カ月に１０００通のメールを送信していれば、アクセス数は平均40～50社になる見通しです。

1000通×4～5％の返信＝40～50社

ステップ3 電話営業をする

ホームページにアクセスのあったニーズの高い企業に電話営業をしていきます。

この場合の電話営業は電話で受注を獲得するためではなく、あくまでも商品紹介の面談の約束（以降アポイント）を獲得することが目標です。

成果にはアポイントのほか、「まずは資料を送ってほしい」といった資料請求なども含まれます。

つまり電話営業は、次に繋がる〝見込客〟を獲得することが目的です。

アクセスログは毎日確認し、アクセスした企業には、当日もしくは出来るだけ早い段階で電話をするのが効果的です。

毎日50社にメールを送信すれば、日に平均2〜3社がホームページを見てくれることになりますから、すべての企業に電話をしても1日あたりの電話件数は平均2〜3社ほどで済んでしまう計算です。

電話営業による成果獲得の目安は架電数に対して、最低10％です。

ですから1カ月間のホームページのアクセスが40〜50社あれば、4〜5社ほどが成果（アポイント商談）に繋がります。

つまり10件の電話営業をするだけで、見込顧客が獲得出来ることになります。

40〜50社×10％の成果＝4〜5社

図 1-3　3ステップ営業法を使った1カ月の営業工程

1日のスケジュール
・メール・問い合わせフォーム送信　計 50 社
・ホームページへのアクセスチェック
・電話営業　２～３社
（ホームページにアクセスがあった会社）

① メール送信
▼
1000 社／月（1日あたり50社×20日間）

平均 4～5%
送信数に対して平均 4～5%

② ホームページへのアクセス
▼
40～50 社／月
（毎日 2～3 社に営業電話を実施）

平均 10%
アクセス数に対して
平均 10%

③ 営業電話の結果、成果社数
▼
4～5 社／月
（上記 40～50 社に電話）

ホームページのアクセス社数が多く、もしすべてのアクセス企業に電話出来ない場合は、ホームページへのアクセス回数が多い順に電話していくことで成果が上がりやすくなります。

実際の1カ月間の各工程の件数と成果は図1-3の通りです。

2章では、3ステップ営業法に必要な営業戦略シートの作り方を説明していきます。

第2章

事前準備

2-1

営業の成否を分ける3つの要素

3ステップ営業法によって、現状より商談の獲得は効率化していきます。しかし、より商談獲得の精度を上げていくには、各ステップにおいてターゲットの購買意欲を刺激するPRが重要になってきます。

各ステップでいうと、「メールを送る」ではメール文章、「ホームページのアクセスログを取得する」であればランディングページの内容、そして「電話営業をする」では電話営業トークスクリプトがそのPRの内容になります。

各ステップにおいて**購買意欲を刺激するPRを作成していくには、以下の3つの要素が重要になります。**

商品／ターゲット／プロモーション

商品

商品は、あなたの会社が売っていく製品やサービスです。マーケティングでは有形無形にかかわらず製品と捉えます。製品が売れる形になって商品といったり、会計上の定義などでも呼び方は変わりますが、本書では有形無形にかかわらずまとめて商品と定義します。

ターゲット

ターゲットは、自社の商品を欲する可能性のある顧客群です。

多くの企業では自社の商品のターゲットについては、「首都圏」の「XXX業」「従業員規模XXX以上」「年商XXXX円以上」というように顧客像を設定していると思います。

本書ではさらにターゲットの欲求や課題まで深掘りし、ターゲットを細分化していきます。本項におけるターゲットの定義は、「同じ欲求や課題を持つ一定数の顧客群」とします。

プロモーション

プロモーションは、自社の商品の強みをそれを必要としている顧客に対して的確に、かつ欲求に訴えるように伝えることです。言い方を変えると、商品について相手に響く形で伝達し、購買行動に繋がる「人を動かす表現」をすることです。

以上の3つの要素がバランスよく機能して、初めてあなたの会社の商品を顧客に訴求していくことが可能になります。しかし、以下のように**商品、ターゲット、プロモーションのどれか一つでも欠けてしまっては商品が売れることはない**のです。

※訴求とは、マーケティングで宣伝や広告によって、対象者の購買意欲を刺激することをいいます。

- **商品そのものがよいものでなければ、いくら口八丁手八丁で魅力を広げてみせても顧客にはすぐに見透かされてしまいます。（商品力不足）**
- **あなたの会社がどんなによい商品を売っていたとしても、それを欲していない人に興味を示してもらうことは出来ません。（ターゲットの不一致）**
- **商品がよいもので、ターゲットが合っていても、その商品の魅力を十分に伝えることが出来なかったり、顧客の感情に訴えるメッセージを発信出来なければ、興味を示してもらうことは出来ません。（プロモーション不足）**

商品、ターゲット、プロモーションの3要素を変更したことにより、商品の売上が改善した例を一つご紹介します。

当社のお客様で、マジック（手品）ショーを運営しているイベント会社がありました。普段は個人向け、特にファミリー層向けのイベントを行っている会社でした。個人向けのマジックショーであれば自ら集客して、いつも募集数を大きく上回る応募を獲得し、抽選にしてマジックショーを開催しなければいけないほど集客が出来ていたのですが、個人向けのマジックショーでは収益性が悪くビジネスにならないため、法人向けに活動を広げたいとのことで当社にご相談に来られたわけです。

最初は企業向けに忘年会や新年会等のイベントで、自分たちのイベント会社を使ってもらうというビジネスモデルで企業に営業しましたが、まるで反響はありませんでした。忘年会や新年会にわざわざマジックショーを開催する企業など、ほとんどなかったのです。

そこで検討した結果、方針を大きく変えることにしました。

ターゲットを住宅ハウスメーカーに絞ったのです。

住宅ハウスメーカーは、就学前の幼い子供を持つ若いファミリー層（住宅一次取得者層）

を最重要ターゲットにしており、常にそのようなファミリー層の集客に注力していることに着目しました。元々このイベント会社は個人・ファミリー層の集客が得意だったため、「幼い子供を持つ若いファミリー層を集めることが出来る強み」を商品にしようと思いついたのです。

そこで、マジックショーの告知をする際、無料招待として応募を募りました。応募を受ける際、抽選という名目で事前アンケートを取り、若いファミリー層だけを選別し、イベントに招くようにしました。つまりハウスメーカーが集客したいターゲット層だけを効率よく集められるビジネスモデルにしたのです。

イベント会場をハウスメーカーの住宅展示場にして、イベントが終わった後、自然に住宅を見てまわってもらえるようにしました。このビジネスモデルを他のハウスメーカーにも提案したところ、多くの受注を獲得することが出来、このイベント会社の収益モデルも大きく改善しました。

つまりこのイベント会社は、自分たちの商品を「マジックショーの提供」から「ハウスメーカー向け住宅一次取得者層集客サービス」へと変えてプロモーションし大成功したわけです。しかしこのイベント会社が行うこと（商品）はほとんど変わっていません。あえて言えばショーの中身で、子供達の喜ぶレパートリーが増えたくらいです。

ご紹介した例では、商品を変えることなくターゲットを一般個人客から、ハウスメーカー（法人）に変え、そのターゲットのニーズに合わせてプロモーション内容を変えました。その結果、売上も大きくアップしたという実例です。

この例のように商品が売れていくビジネスモデルを作るには、

自社の〝商品〟を、
適切な〝ターゲット〟に対して、
相手が欲するかたちに商品の見せ方を変えて、〝伝達（プロモーション）〟すること

が重要となります。

この後のページでは、自社の商品の強みを一つひとつ掘り下げながら、何の「**商品**」を「**誰（ターゲット）**」に、どのように「**訴求（プロモーション）**」をしていくのか、効率的に整理が出来る営業戦略シートをまとめていきます。

2-2

営業戦略シートを作成する

最適なPR文章を作成する

最適なPR文章を作成する前に、突然ですが、あなたの会社の従業員は「あなたの会社」「会社の商品」についてわかりやすく、明確に説明出来ますか?

営業担当者だけでなく、業務担当者、電話受付担当者に至るまで、従業員であれば、接点を持った人との立ち話で、あるいは名刺交換、プライベートな友達との会話の時に、自分の会社や自社商品について、正確にわかりやすくプロモーション出来るよう準備しておくことが大切です。

多くの企業が集まるセミナーや勉強会などで、「3分間で自社PRをしてください」と言われて、急いで整理しはじめるようでは魅力的なプレゼンが出来るはずがありません。

どのようなシチュエーションであれ、顧客となりうる企業との接点はすべてプレゼンの場です。どこで自社商品に興味を持っていただき、仕事に繋がるかわかりません。

常日頃から自分の会社や商品について強みや特長を整理し、30秒以内、1分以内、3分以内など、限られた時間の中でも最適なプレゼンが出来る準備をしておけば、いざという時に慌てずにベストパフォーマンスを発揮出来るのです。

マーケティングの世界では、この短い時間の中で端的に自社のPRをする手法をエレベーターピッチと言っています。エレベーターに乗るくらいの短時間で、自社や自社商品のプレゼンを行いビジネスチャンスに繋げるトークテクニックのことです。

この後、行っていくメールDMの文章、ホームページのランディングページ、電話営業のトークスクリプトについても、手段こそ違いますが、このエレベーターピッチと同様、与えられた時間や文字数の中で、自社や商品について最適なPRをしていく必要がある点は同じです。顧客にあなたの会社や商品についていつでも最適なPRを行い、興味を持ってもらうため、訴求ポイントを整理するための営業戦略シートを作成していきます。

最適なPRを行うためには、先にお伝えした「商品」「ターゲット」「プロモーション」の3つの要素を考慮することが重要です。その上で、最適なPRを実施するため、以下

の３つの営業戦略シートを作成してプレゼンの準備をしておくわけです。

営業戦略シート

自社ＰＲシート（Ｃ）▼▼▼自社をＰＲする

商品ＰＲシート（Ｐ）▼▼▼自社商品の魅力を伝える

ターゲット別ＰＲシート（Ｔ）▼▼▼ターゲットに合わせて商品の伝え方を変える

営業戦略シートの目的

３つの営業戦略シートを作成する目的は、この後実施していく３ステップ営業法の各ステップで、それぞれのシチュエーションに合わせた最適なＰＲ文章を簡単に作成するためです。

営業戦略シートを作成しておけば、各シートから必要な情報をピックアップして、それぞれの状況に合わせた各テンプレートに差し込むだけで、簡単にメール文章や、ホームページのランディングページの基本構造文（ワイヤーフレーム）、電話営業のトークスクリプトのＰＲ文章が出来上がります。

それぞれの営業戦略シートは、ダウンロードして使用出来ます。ダウンロードのやり方は、ふろくの「ツールのダウンロード方法」（２７８ページ）で紹介しています。

営業戦略シートの使い方

メール文章、ホームページのランディングページ、電話営業の場面での利用方法は後ほどご紹介しますので、ここでは商品紹介文を作るための使用例をご紹介します。

例えば、以下の図２-１（68～69ページ）のような手順です。

図 2-1　商品PRシートを使った商品の概略説明

※左ページの商品 PR シートの内容を盛り込むことで、
概略説明を作成することが出来る。

当社の **① 商品名** は

② 商品概略 です。

お客様は **③ 顧客のベネフィット**

主な特長は３つあります。

④-① 3つの特長タイトル

↓

もう少し時間がある場合、
さらに説明を求められた場合

④-② 3つの特長詳細

同様のサービスを販売している会社もありますが、
当社の商品は

⑦ 競合との比較

が大きな違いになります。

商品ＰＲシート（P）

① 商品名	① 訴求商品	営業丸ごとお任せパック（営業支援システム＋営業代行）	
② 商品 概略	② 商品概略	自社のホームページを見た企業がわかるシステムと、そのシステムによって明らかになったニーズの高い顧客に対して「営業代行」まで実施するサービス。	
③顧客のベネフィット	③ 顧客の ベネフィット	営業で一番難しくて費用の掛かる新規顧客の開拓を当社が代わりに実施して見込み顧客を獲得しお引き合わせしますので、お客様は商談営業だけに集中することが可能になります。	
④-① 3つの特長タイトル	④ 主な機能・特長	④-① 一言キーワード （一言でいうと？）	④-② 詳細 （どういうこと？　もう少し詳しく）
		ホームページを 見た企業がわかる	自社のホームページにアクセスしてくれた企業がわかるシステムです。企業名だけでなく住所、電話番号など様々な情報がわかります。ホームページを見たということは自社の商品に興味がある可能性が高いため、つまり自社商品にニーズがある可能性が高い顧客がわかるということです。
④-② 3つの特長詳細		メールDM 送信サービス	メールアドレス付の企業リストを 110 万件提供します。合わせてそのリストに対して指定した日時に一斉にメールを送信する仕組みも提供しています。利用者は企業リストを送る仕組みも何も持つ必要はなく、DM が送信出来ます。
		テレアポ 代行サービス	電話営業を代行して見込客を紹介します。
	⑤ 料金 プラン	・営業丸ごとパック Lite：　月額 99,800 円 ・営業丸ごとパック・スタンダード：　月額 148,000 円 ・営業丸ごとパック・ゴールド：　月額 278,000 円	

⑥ 主な機能

ホームページアクセス企業のログ表示	自社のホームページにアクセスした企業の情報やアクセス履歴などが確認出来る機能 Google 等の検索エンジンからアクセス、メールのリンクからのアクセス、ブックマークからのアクセスなど、細かな履歴を確認することが可能
メールリスト	リスト　110 万件
問い合わせフォーム	リスト　30 万件
メール機能	日時指定メール、定期メール配信（日次、月次、曜日、指定日数、第 X 曜日）
ステップメール	定型シナリオテンプレート、オリジナルシナリオ設計、メルマガ受付フォーム
CRM 顧客管理	顧客管理、商談管理、日報・スケジュール管理、担当者（名刺）
検索機能	情報に含まれる文字列で検索可能（対象カラムは主なものだけ）
クエリ（データ自動抽出）	頻繁に検索する条件をいつでも簡単に呼び出せる機能
BI（クロス集計レポート）	当該システムに格納されたすべての情報をクロス集計可能
グラフ	グラフでより視覚的にとらえやすくする

⑦競合との比較	⑦-① 競合	⑦-② 競合	⑦-③ 差別化ポイント
	アクセスログシステム	・アクセスログが固定 IP の企業しかわからない ・メールリストは自社で準備しなければならない、もしくは i タウンページ（不着・クレームが多い） ・営業代行はセットではない	・固定 IP の企業はもちろん変動 IP の企業も取得可能 ・メールアドレス付の企業リストを110万件提供・リアルタイムでメンテ ・当社は営業代行をセットで責任を持ってアポイントまで繋げる
	成果報酬　営業代行	・アポイントを獲得するだけ ・薄いアポでも結果に繋げ多額の請求	・獲得したアポイントを自社営業のように追客し見込化 ・薄いアポでも結果に繋げ多額の請求

⑧よくある質問

メール営業って法律違反ではないの？	特定電子メール法に則っとり法令遵守したサービスです。
メールを送らなくてもホームページを見てくれた会社がわかるの？	メールをクリックしなくてもホームページ見てくれた会社がわかります。（当社 DB にあるもの）

商品の概略説明テンプレートを使用した例

当社の ※①商品名 「営業丸ごとお任せパック」は、※②商品概略 「自社のホームページを見た企業がわかるシステムと、そのシステムによって明らかになったニーズの高い顧客に対して「営業代行」まで実施するサービス」です。

お客様は、※③顧客のベネフィット 「営業で一番難しくて費用の掛かる新規顧客の開拓を当社が代わりに実施してお引き合わせしますので、商談営業だけに集中することが出来ます。また、ニーズが事前にわかるため新規顧客開拓に掛かるコストは大幅に削減されます」

主な特長は3つあります。※④-① 3つの特長タイトル

・ホームページを見た企業がわかる
・メールアドレス付企業リストの提供およびメールDM送信サービス
・テレアポ代行サービス

（もう少し時間がある場合、さらに説明を求められた場合） ※④-② 3つの特長詳細

1つ目の「ホームページを見た企業がわかる」は、「自社のホームページにアクセスしてくれた企業がわかるシステムです。企業名だけでなく住所、電話番号など様々な情報がわかります。ホームページを見たということは自社の商品に興味がある可能性が高いため、つまり自社商品にニーズがある顧客がわかるということです。

2つ目の「メールアドレス付企業リストの提供およびメールDM送信サービス」の機能は「メールアドレス付の……」です。

3つ目の「テレアポ代行サービス」は「……」です。

似たようなシステムを販売している会社もありますが、当社の商品は、※⑦競合との比較「固定IPアドレスを持っている大手企業だけでなくIPアドレスが特定出来ない変動IPアドレスの中小企業からのホームページアクセスもわかる」点や、他社では提供されない「企業のメールリストも提供している点」さらに「ご契約者様に代わって電話営業まで実施させていただく点」が大きな違いになります。

このように、商品PRシートから「商品の概略説明」テンプレートに必要な項目をピックアップするだけで、シチュエーションに合わせたPR文章が簡単に作成出来るようになります。

☑ 商品のことをよく知らない外部の人に聞いてもらう

営業戦略シートをまとめたら、それぞれのテンプレートに当てはめて一度作ってみてください。そして、自社の商品やサービスのことをよく知らない外部の人にテンプレートの内容を聞いてもらいます。

自社では当たり前のように使っている用語が、聞き手には理解してもらえなかったり、自社が訴求ポイントだと思っていた点がウケずに、聞き手は全く別の点にメリットを感じたりする、ということがあるからです。

自社の商品について、よくわかりすぎてしまっていて自分では普段気づかない点を外部の人に聞いてもらい、意見や指摘を受けて、戦略シートを改良していくことで、より多くの人に響くよいPR文を作成することが出来るようになります。

図 2-2　テンプレートへの戦略シート適用の方法

			①気づき	②理解・訴求	③行動	④戦略シート
実施事項			メールDM	ホームページ	電話営業	ー
目的			・商品・会社を知ってもらう ・興味を持ってもらう	・商品の欲求を喚起する ・ニーズを掘り起こし商品について詳細を伝える	・決断させる	ー
誰に			・自社のサービスを知らない ・×××に課題を持つ企業	・メールを見て自社サービスに興味を持ってくれた ・×××に課題を持つ企業	・ホームページを見てくれ、ニーズがあると思われる ・×××に課題を持つ企業	ー
何を	訴求方法		メール文	ランディングページ	営業トーク	
	Attention ①気づき	誰に	送信者・タイトル	キャッチコピー	受付突破	ー
		挨拶	自社紹介		自社紹介	C-7
			主旨説明		主旨説明	提案・相談
	Desire ②理解・訴求	商品一言	○	○	○	P-2
		課題提示	○	○	○	T-6
		課題解決	△	○	○	T-7
		ベネフィット	○	○	○	T-5/P-3
		商品紹介	ー	○	△	P-4
		差別化	ー	○	○	P-7
	Action ③行動	アクション	LP アクセス	問い合わせ	クロージング	ー

2-3

自社ＰＲシートを作る

自社ＰＲシート（C）

自社ＰＲシートは**「自社の強み」**をまとめていくシートです。

営業マンがお客様との雑談の中で、

「御社はいつ創業なの？」「今年は何期目？」「社長はおいくつ？」といった、ちょっとした会話の中で、お客様からの質問に対して従業員が即答出来ると会社の結束感が伝わり、顧客からの信頼に繋がります。

そのためにも、自社ＰＲシートに必要な要素を書き込んでおきましょう。

上段の **①会社名、②代表者名、③生年月日、④設立、⑤資本金、⑥代表経歴**の項目に関しては、社内で同じトークが出来るための情報としてまとめておきましょう。

図 2-3　自社ＰＲシート（C）　フォーマット

① 会社名			
② 代表者名		③ 生年月日	
④ 設立		⑤ 資本金	
⑥代表経歴			

事業内容	
⑦ 会社を 一言で	
⑧ 会社紹介 (200文字) 30 秒	
⑨ 他社との 差別化	

自社PRシート事業内容の書き方のポイント

⑦会社を一言で

会社の一番の特徴を一言で説明します。会社がどのようなことに強いのか、他社と比べた優位性など、顧客から見たわかりやすい言葉で表現します。主力の商品があり、それが非常に特長的であれば、商品を中心とした説明になる場合もあります。

この「会社を一言で」は、「会社紹介」や「他社との差別化」を作成した後、主要なキーワードをピックアップして作ると楽に作成出来ます。

⑧会社紹介

200文字以内、約30秒で説明出来る長さです。

これは先ほどご紹介しましたエレベーターピッチになります。この会社紹介は、いつでも誰の前でもPR出来るように全従業員が暗記し、伝えられるようにしておきます。

⑨他社との差別化

同業他社と比較した際の、自社の優位性を記載します。

図 2-4　自社ＰＲシート（C）　記入例

① 会社名	株式会社ナレッジコンサルティング		
② 代表者名	熊谷　竜二	③ 生年月日	S43.X.X（49歳）
④ 設立	1986年5月1日 設立 （32期目）	⑤ 資本金	1,000万円
⑥代表経歴	キヤノンマーケティングジャパンの社内情報システム部門でシステム開発と、システムを活用したキヤノンの販売代理店（中小企業）の営業支援コンサルティングに18年間従事した。 システムと営業支援の専門家。		

事業内容	
⑦ 会社を 一言で	自社のホームページを見た企業がわかる顧客・営業管理システムで営業支援を行う会社
⑧ 会社紹介 （200文字） 30秒	当社はITを活用した営業支援を行っており、新規顧客開拓に悩んでいる企業に見込客創出のお手伝いをさせていただいております。具体的には、「自社のホームページを見た企業がわかる顧客・営業管理システム」「営業の自動化（MA）」さらに「テレアポの代行」といった人的支援までオールインワンにしたサービスで新規見込客を獲得し、ご契約者様が商談営業にのみ集中出来るビジネスシーンを提供します。
⑨ 他社との 差別化	システムだけ、営業代行だけ、ということでなく営業をオールインワンでサポートしている点。他社に無い営業支援システムと人海戦術によるアナログ営業の組み合わせによって、営業の実績を確実にご契約者様にお戻し出来るサービスを提供しています。

2-4

商品ＰＲシートを作る

商品ＰＲシート（Ｐ）

商品ＰＲシートは、「**自社の商品の強み**」を整理し、利用シーンに合わせて説明を補助するためのシートです。

自社の商品がどのような特長や強みがあるのか、競合他社の商品と比較して優位性は何かを洗い出していきます。そしてその強みで、お客様の抱えている課題をどのように解決出来るのか整理します。

このシートは実際に**顧客に説明するイメージでまとめていく**ことがポイントです。まとめた後、実際に口頭で話しているのを誰かに聞いてもらい、わかりやすくまとめていくとよいでしょう。

図 2-5　商品ＰＲシート（P）　フォーマット

① 訴求商品		
② 商品概略		
③ 顧客のベネフィット		
④ 主な機能・特長	④-① 一言キーワード（一言でいうと？）	④-② 詳細（どういうこと？　もう少し詳しく）
⑤ 料金プラン		

⑥ 主な機能	

⑦-① 競合	⑦-② 競合	⑦-③ 差別化ポイント

⑧よくある質問	

☑ 商品PRシートの書き方のポイント

①訴求商品

商品名を書きます。

②商品概略

70文字程度。口頭で話して10秒程度の、立ち話で簡単に説明出来る量です。自社商品のセールスポイントや強みは何なのか、簡潔に表現します。これはメール文やランディングページの冒頭で、簡単に商品を紹介する際などに活用します。

③顧客のベネフィット

自社が提供する商品の価値によって利用者が得られるメリットを記載します。自社商品のセールスポイントや強みが、相手のどのような問題点を解決出来るのかなどを記載します。

④主な機能・特長

・一言キーワード

商品の主な機能や特長を3つ挙げ、それを一言で伝えられるようにまとめます。

一言キーワードは、商品の特長を端的にまとめたタイトルのようなものです。伝える時間が少ない時などに最低限の特長を伝える際などに使います。また、商品の詳細な特長を伝える際にも、先にこの一言キーワードを挙げてから詳細の説明に入っていくと非常にわかりやすく説明することが出来ます。

「特長は3つあります。 ○○と○○と○○です。

1つ目の○○は、(詳細)×××××です。2つ目の○○は、(詳細)×××××です。

3つ目の○○は、(詳細)×××××です。」といった具合です。

・詳細

一言キーワードで挙げた特長を、より相手に理解してもらえるよう詳しい説明を記載します。

⑤料金プラン

料金プランを書いておきます。

⑥主な機能

商談等で何か質問された時や、より詳しい機能を説明する際に利用出来る資料として作成します。

⑦競合商品との差別化ポイント

主要な競合商品と比較した際の自社商品の優位性（独自性・差別化ポイント）を相対的に記載します。

差別化ポイントが利用者にとってどんなメリットがあるのか列挙します。

また競合商品の方が優れている点があれば、それも列挙しておきます。

「他社は○○の点で当社製品より優れていますが、当社は○○の点で優《まさ》っています」というように、他社商品のよい点も認める説明は、自社本位でなく客観的な印象を与え、説得性を増す効果があります。

⑧よくある質問

よくある質問とその回答を書いておきます。

図 2-6　商品ＰＲシート（P）　記入例

① 訴求商品	営業丸ごとお任せパック（営業支援システム＋営業代行）	
② 商品概略	自社のホームページを見た企業がわかるシステムと、そのシステムによって明らかになったニーズの高い顧客に対して「営業代行」まで実施するサービス。	
③ 顧客のベネフィット	営業で一番難しくて費用の掛かる新規顧客開拓を当社が代わりに実施して見込み顧客を獲得しお引き合わせしますので、お客様は商談営業だけに集中することが可能になります。	
④ 主な機能・特長	④-① 一言キーワード（一言でいうと？）	④-② 詳細（どういうこと？　もう少し詳しく）
	ホームページを見た企業がわかる	自社のホームページにアクセスしてくれた企業がわかるシステムです。企業名だけでなく住所、電話番号など様々な情報がわかります。ホームページを見たということは自社の商品に興味がある可能性が高いため、つまり自社商品にニーズがある可能性が高い顧客がわかるということです。
	メールDM送信サービス	メールアドレス付の企業リストを 110 万件提供します。合わせてそのリストに対して指定した日時に一斉にメールを送信する仕組みも提供しています。利用者は企業リストを送る仕組みも何も持つ必要はなく、すぐに DM が送信出来ます。
	テレアポ代行サービス	電話営業を代行して見込客を紹介します。
⑤ 料金プラン	・営業丸ごとパック Lite：　月額 99,800 円 ・営業丸ごとパック・スタンダード：　月額 148,000 円 ・営業丸ごとパック・ゴールド：　月額 278,000 円	

⑥ 主な機能	
ホームページアクセス企業のログ表示	自社のホームページにアクセスした企業の情報やアクセス履歴などが確認出来る機能 Google 等の検索エンジンからアクセス、メールのリンクからのアクセス、ブックマークからのアクセスなど、細かな履歴を確認することが可能
メールリスト	リスト　110 万件
問い合わせフォーム	リスト　30 万件
メール機能	日時指定メール、定期メール配信（日次、月次、曜日、指定日数、第 X 曜日）
ステップメール	定型シナリオテンプレート、オリジナルシナリオ設計、メルマガ受付フォーム
CRM 顧客管理	顧客管理、商談管理、日報・スケジュール管理、担当者（名刺）
検索機能	情報に含まれる文字列で検索可能（対象カラムは主なものだけ）
クエリ（データ自動抽出）	頻繁に検索する条件をいつでも簡単に呼び出せる機能
BI（クロス集計レポート）	当該システムに格納されたすべての情報をクロス集計可能
グラフ	グラフでより視覚的にとらえやすくする

⑦-① 競合	⑦-② 競合	⑦-③ 差別化ポイント
アクセスログシステム	・アクセスログが固定 IP の企業しかわからない ・メールリストは自社で準備しなければならない、もしくは i タウンページ（不着・クレームが多い） ・営業代行はセットではない	・固定 IP の企業はもちろん変動 IP の企業も取得可能 ・メールアドレス付の企業リストを 110 万件提供・リアルタイムでメンテ ・当社は営業代行をセットで責任を持ってアポイントまで繋げる
成果報酬　営業代行	・アポイントを獲得するだけ ・薄いアポでも結果に繋げ多額の請求	・獲得したアポイントを自社営業のように追客し見込化 ・どれだけアポが取れても請求は固定

⑧よくある質問	
メール営業って法律違反ではないの？	特定電子メール法に則っとり法令遵守したサービスです。
メールを送らなくてもホームページを見てくれた会社がわかるの？	メールをクリックしなくてもホームページを見てくれた会社がわかります。 （当社 DB にあるもの）

2-5

ターゲット別ＰＲシートを作る

☑ターゲット別ＰＲシート（Ｔ）

商品をプロモーションする上で、このターゲット別ＰＲシートが最も大切です。

プロモーションとは、顧客の抱える欲求や課題を、自社の商品でどのように解決出来るのかを提示するもののです。


ターゲットが変われば、課題も変わります。

課題が変われば、解決策も変わってきます。

つまりターゲットの属性が複数あれば、課題も複数通りあり、その解決策もターゲット属性別に作成しなくてはいけないということなのです。

したがって「ターゲット別ＰＲシート」は、事前にインターネットなどで**ターゲットの属性（特定の業種や、共通の欲求や不満・課題を抱える企業群）を調べ、それぞれに合った「ターゲット別ＰＲシート」を何種類も作成**する必要があります。

同じ企業に営業する場合であっても、訴求する内容が変われば、このＰＲシートも別のものが作成されます。

【例】 以下の場合などは、別々の「ターゲット別ＰＲシート」を作成します。

・Ａ社に当社「営業システム」を使ってもらう。

・Ａ社が行っているサービスと、当社「営業システム」を組み合わせて、協業での新たな商品作りを提案する。

図2-7　ターゲット別PRシート（T）　フォーマット

① タイトル			
② 商品名			
③ターゲット属性			
業種		企業規模	
地域		年商	
資本金			
その他の特徴			
業界現況			
④ 訴求			
提案内容			
訴求ポイント			
⑤ 相手のベネフィット			

⑥ターゲットが抱えている課題	⑦当社サービスが出来る解決案

☑ターゲット別ＰＲシートは何度も作り直す

このターゲット別ＰＲシートは、**電話営業で相手からヒアリングを行い、新たな欲求や課題が明らかになった場合はその都度追記**していきます。

また、新たな業種やターゲットに電話営業した場合には、新しい「ターゲット別ＰＲシート」を作ります。つまり**常に更新され追加されていくシート**になります。

図 2-8

☑ ターゲット別PRシートの書き方のポイント

①タイトル

自社で管理しやすいタイトルをつけます。ターゲットの属性が一言でわかるようなタイトルが管理しやすいです。

②商品

対象ターゲットに提案する商品を記載します。

③ターゲット属性 ※属性が異なる場合は、別のシートにまとめます。

ターゲットにする企業の属性から1つをピックアップします。

・業種・地域・企業規模・資本金・年商など

あなたの会社がターゲットとしてきた企業の属性をまとめていきます。

・その他の特徴

上記の条件の中からさらに深く絞り込むための条件。つまり最も訴求しやすい会社を選別するための抽出条件です。

【例】取引先に対して毎月定期的に売上になるストック商品がある。
上記ストック商品を採用している会社が50社以上。
当社サービスとの親和性が高いサービスを行っている。
※親和性……ターゲットが同じ。商品が解決する課題が当社と同じである。

・業界現況
業界固有の「あるあるネタ」や政治的な動きや人材、業界固有の課題を記載します。

④訴求
・提案内容
相手に提案する内容を記載します。（〇〇の提案。〇〇のタイアップなど）
・訴求ポイント
相手の購買意欲に訴えかけるために、伝えるべき商品のセールスポイントや重要点の情報を訴求ポイントといいます。

⑤相手のベネフィット
商品を手にすることで得られる、利益や状態を記載します。

ベネフィットとはマーケティング用語で、商品そのものではなく、その商品・提案を採用することで「もたらされる」有形無形の価値のことです。ベネフィットには2つの種類があると言われています。

・ファンクショナル・ベネフィット（機能的）

その商品やサービスが持っている基本的な価値やそれに付随する機能によってもたらされる利益を言います。

例えば、早い、安い、便利、効率がよいなど、受け取る人によって変動しづらい不変的な価値と言えるかもしれません。

・エモーショナル・ベネフィット（情緒的）

その商品やサービスの機能を持つことでもたらされる感情・喜びといった内面的な状態を言います。

例えば、優越感、幸福感、安心感、威厳、ストレスが減るなど、受け取る人の状況や環境によって価値が変わる（変動する）、可変的な価値と捉えることが出来ます。商品PRシートにおけるベネフィットは、ファンクショナル・ベネフィットの要素が強い傾向にあります。

一方、このターゲット別ＰＲシートにおけるベネフィットは、ターゲットに訴求する内容によって、もたらされる利益も変わるため、よりエモーショナル・ベネフィットの要素が強くなります。

⑥ターゲットが抱えている課題

ターゲットが抱えている課題を列挙していきます。

ここで列挙する課題は、最初は業界の「あるあるネタ」や自社で想定した課題などから列挙していきます。

そこから実際に取引相手になった顧客からのヒアリングや、営業の過程で知り合った顧客からヒアリングを行い、精度を上げていきます。

⑦当社サービスが出来る解決案

列挙した課題に対して、あなたの会社もしくはあなたの会社の商品がどのようにその課題を解決出来るのかを記します。

図 2-9　ターゲット別ＰＲシート（T）　記入例

① タイトル	製造業への電話営業代行の提案		
② 商品名	営業丸ごとお任せパック（営業支援システム＋営業代行）		
③ターゲット属性			
業種	金属部品（板金、部品）製造企業	企業規模	3名～50名
地域	一都三県	年商	1000万～30億円
資本金	500万円～		
その他の特徴	・営業がいない、営業を社長が実施 ・製造業務の社員数は 10～50名程度		
業界現況	下請け体質 価格勝負になっており安価な案件が多い 業務を受注してもすぐにキャパ一杯になってしまう		
④ 訴求			
提案内容	営業代行の提案		
訴求ポイント	・新規顧客開拓：　製造案件の受注代行の提案 ・パートナー開拓：　キャパオーバーの際の下請け企業の開拓代行		
⑤ 相手のベネフィット	新規顧客を探す営業のストレスから解放され、商談案件だけに集中出来るため、業務の効率が上がる		

⑥ターゲットが抱えている課題	⑦当社サービスが出来る解決案
下請けの仕事ばかりで 取引が継続していくか不安	自社で新規顧客を開拓出来る営業体制を確立します。また契約顧客が離脱、休眠化しないよう定常的な顧客接点をシステムが自動で作っていきます。
自社に営業の専門担当がいない	当社は高い成果の出せる営業を得意としております。 見込客の開拓だけでなく、既存の取引先や休眠化している顧客情報について、ご契約者様と共有させていただきながら営業を進めていくため、単なる代行ではなく自社に専門の営業スタッフを雇用したような対応をさせていただくことが可能です。
安価な案件ばかりで 利益が出しづらい	ご契約者様と相談し、利益が充分確保出来る案件を選別してお戻しさせていただいております。

第3章

メール

3-1

メールを送信する目的

3ステップ営業法の最初のステップは「メールを送信する」です。

先にもお伝えした通り、各ステップにはそれぞれ目的があり、それぞれの役割を果たし、連動することで、段階的にニーズのある顧客を絞り込みながら見込客を獲得していきます。


メールを送信する一番の目的は、メールを読んで興味を持ち、あなたのホームページを見てくれるように誘導し、Googleアナリティクスなどのアクセスログ管理システムで潜在顧客を確認出来るようにするためですが、メールの送信先となるターゲットはあなたの会社や商品を全く知らない企業です。

そのような企業に対してメールを送るのですから、いかに注意を引き、関心を持ってもらう内容にするかが重要となります。

メール送信の目的

- ●注意を引くこと（Attention）
- ●関心を持ってもらうこと（Desire）
- ●ホームページに誘導すること〈ゴール〉（Action）

●注意を引くこと（Attention）

メール送信の目的の1つ目は「注意を引く」ことです。

あなたの会社やあなたの商品を知らない顧客に対して、「気づきを与え」「注意を引き」、商品を「知ってもらう」ためにメールを送信します。

そのため、まずはメールに気づいてもらい、開いてもらわなくてはなりません。

ここで重要になってくるのは「タイトル」です。数多《あまた》届くメールDMの中から、相手の注意を引き、気づきを与えること。開いてもらえるようなタイトルのつけ方を工夫します。

●興味を持ってもらう（Desire）

２つ目はあなたの会社と商品に「興味を持ってもらう」ことです。

ここで重要なのは「メールの本文の内容」です。タイトルに注意を引かれ、メールを開いてくれたターゲットに対して、限られた文字数の中で、商品の魅力を端的に伝え、興味を持ってもらえるようなメール文章を工夫します。

●ホームページに誘導する（Action）

３つ目は、メールの本文を読んだ人に対して、よりあなたの商品の情報が知りたいと興味を思ってもらい、ホームページにきてもらうこと。つまり「ホームページに誘導する」ことです。メール文章に興味を持ったターゲットが、スムーズにホームページにアクセス出来るようにＵＲＬを記載しておきます。

ホームページに顧客がアクセスすることで、この後の「誰がホームページを見てくれたのかがわかる」ことに繋がる大切なプロセスとなります。

実際に送るメールのタイトルのつけ方、本文の書き方、ホームページへの誘導の仕方など、それぞれの記載のポイントは、３－６**「メール文章の作成方法」**でご紹介します。

3-2

メールの送信方法

ホームページアクセスを取得するために

さて、これから新規見込客を獲得するための、メールDMを送信するやり方を説明していきます。メールを送信する前提作業として、企業リストを用意します。（企業リストのテンプレートは、ふろく（278ページ）で紹介しているサイトからダウンロードして使用出来ます）

メールを送信するための手順は、次の3つの手順になります。

①企業リスト（メールアドレス含む）を準備する
②企業情報を企業リストに記載する
③メールを送信する

3-3

①企業リスト（メールアドレス含む）を準備する

検索エンジンで問い合わせ先を取得するコツ

メールアドレスの集め方は、過去の名刺、アンケート等で収集したメールアドレス、インターネットの検索エンジン（Google等）で検索して入手するなど、いくつかあります。過去の名刺やアンケートで収集したメールアドレスがあればそれを優先するのが一番です。しかしそれが少なかったり、ない場合にはリスト業者から購入することも出来ますが、私はインターネットで検索して集めることをお勧めしています。理由は、3-9「メールアドレスをインターネットから集めた方がよい理由」で説明しています。

それでは、インターネットの検索エンジンを使ってターゲット企業のメールアドレスを集める際のコツをご紹介します。ここでは、Googleの検索エンジンを使って検索する方法をご紹介します。

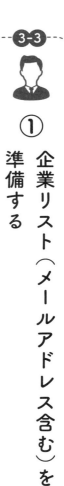

まず、自分の商品を買ってくれそうなターゲットになる企業の業種や、地域などを想定します。

想定した業種や地域をキーワードに指定して、検索します。

検索結果から各企業のホームページを参照し、問い合わせ先のメールアドレスを取得していきます。

もしメールアドレスが公開されていない場合は、その企業のホームページに「お問い合わせフォーム」があれば、そのＵＲＬを取得します。

入手したメールアドレスやＵＲＬを企業リストにまとめていきます。企業リストの詳しい作り方は、後ほど説明します。

Googleの検索のやり方

それでは、以下にGoogleで検索する際のポイントをいくつかご紹介します。

まずは以下のＵＲＬにアクセスしてください。

http://www.google.co.jp/

①複数のキーワードを含むページを検索する場合

スペースや「AND」を使うことで、AとBの両方のキーワードが含まれるページが検索されます。

A B	→	AかつBを含む
A AND B	→	AかつBを含む

※「AND」は半角大文字で入力してください

【例】「ホームページ制作」と「株式会社」を含むページを検索したいとすれば、以下のようなキーワードになります。

ホームページ制作 AND 株式会社

②複数のキーワードのうち、いずれかを含むページを検索する場合

「OR」を使うことで、AとBのキーワードのどちらかが含まれるページと、両方のキーワードを含んだページが検索されます。

A OR B	→	AまたはBを含む

※「OR」は半角大文字で入力してください

【例】「ホームページ制作」または「SEO対策」のどちらかを含むページを検索したいのなら、以下のようなキーワードになります。

ホームページ制作 OR SEO対策

③特定キーワードを除外してページを検索する

「-」（半角英数文字のマイナス）を使うことで、Bのキーワードを除外した上で、Aのキーワードが含まれるページが検索されます。「キーワード - 除外したいキーワード」で、「-」の後に書かれたキーワードを除外して検索することが出来ます。

また、複数のキーワードを除外する場合には、「メインキーワード - 除外1 - 除外2 - 除外3」というように、除外したいキーワードを増やして検索することも可能です。

A-B→　Bを除外したA

※「-」は半角英数文字で入力してください

【例】「ホームページ制作」を行っているが「SEO」は含まないページを検索したいとすれば、以下のようなキーワードになります。

ホームページ制作 - SEO

④似ているページを検索する

「related:」を使うことで、特定のページと似たようなページを検索することが出来ます。「related:」の後に、元にしたいＵＲＬを入れることで検索出来ます。

【例】「http://dmshare.com」と同じようなページが他にないか検索したいとすれば、以下のようなキーワードになります。

related:http://dmshare.com

⑤特定のサイト内で検索する

特定のページ内で特定のキーワードを含むページを検索したい時には「site:URL キーワード」で検索します。

【例】特定のサイト内の「問い合わせフォーム」のページや「会社概要」のページを探す時は、この方法で簡単に検索することが出来ます。

site:http://dmshare.com/ 問い合わせ

site:http://dmshare.com/ 会社概要

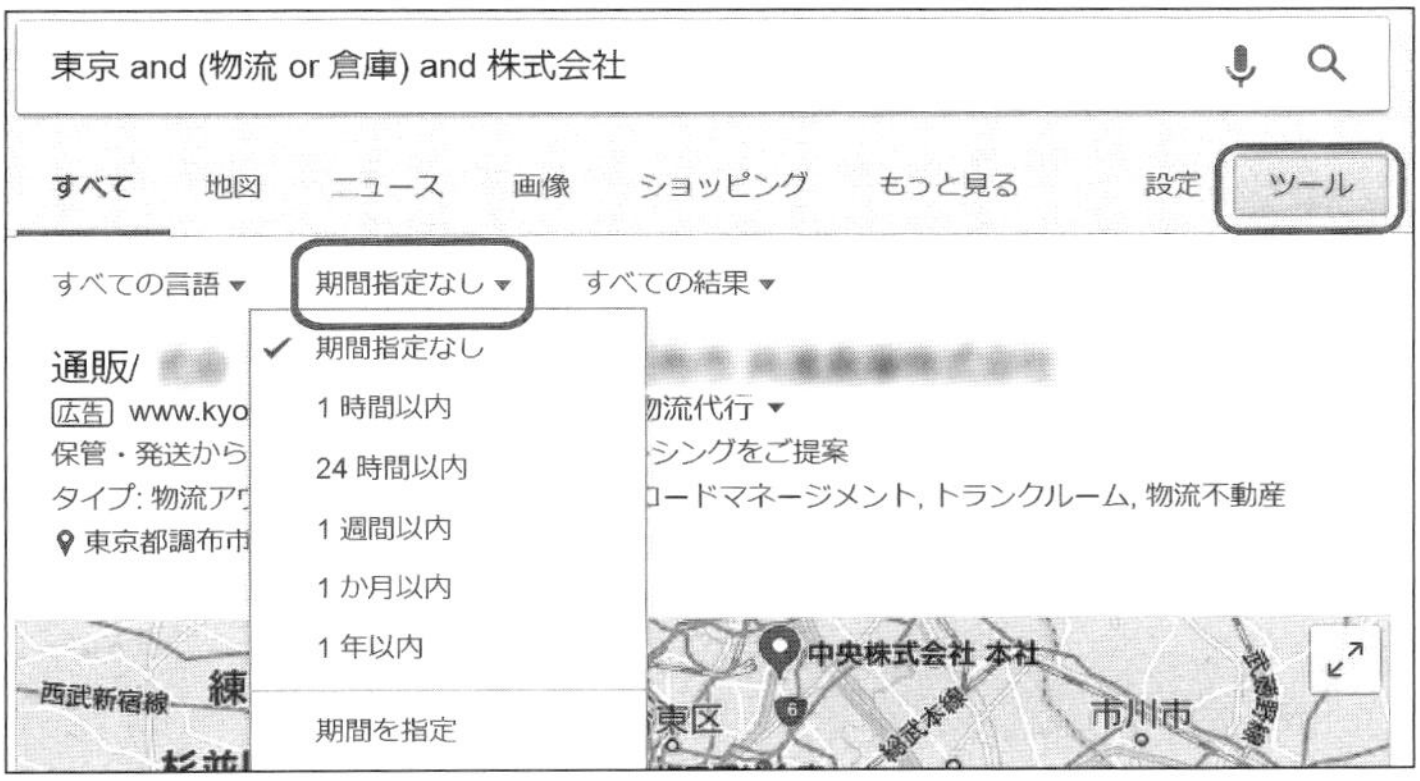

図 3-1

⑥特定期間内の情報だけ

上段の画面写真のように、Googleでは「期間を指定」することも出来ます。

情報の登録日で情報を絞ってページを検索することが出来ます。

これによって古くて更新されていない情報を省くことも可能です。

3-4

②企業情報を企業リストに記載する

企業リストに情報を整理する

Googleなどの検索エンジンを使って、インターネットからターゲット先企業のメールアドレス、もしくは問い合わせフォームなどの情報を入手したら企業リストに情報をまとめていきます。

この企業リストを元にメールＤＭを送信していくわけです。

メールを送信する時に、いつ、どの企業にメールを送信したかや、送信日やＵＲＬなどを、企業リストに１社ごとに記録しておきます。

また、送信したメールを通じてホームページを見てくれたターゲット企業が明らかになった場合、アクセス日時などを管理するためにも必要になります。

図 3-2　企業リスト　フォーマット

個別ID (必須)	会社名 (必須)	相手の メールアドレス	相手の 問い合わせ URL	送信日	アクセス 日	相手の会社 URL	電話番号	社長名	住所	メール DM に記載した “自社の URL”
001	A コンサルティング 株式会社	info@A-consulting .co.jp	http:// A-consulting.co.jp/ toiawase/	12月 01日	12月 01日	http:// A-consulting.co.jp/	03-xxxx-xxxx	○田○彦	東京都港区 xxxx-x-x-xxx	http://dmshare.com/index. html?kcid=001

企業リストには、以下のような情報を記録します。

【例】・**個別ＩＤ：**001
・**会社名：**Ａコンサルティング株式会社
・**相手のメールアドレス：**info@A-consulting .co.jp
・**相手の問い合わせフォームＵＲＬ：**Ａコンサルティング株式会社のホームページに設置されている問い合わせ先のＵＲＬ。
※問い合わせフォームについては、後ほど詳しく説明します。
http:// A-consulting.co.jp/toiawase/
・**送信日：**メールを送信した日付。これを記録しておくことによって、後ほど電話営業をした際に「○月×日に送付したメールの件で」といった話がしやすくなります。
・**アクセス日：**あなたの会社のホームページにアクセスがあった日付を記録します。
・**相手の会社ＵＲＬ：**Ａコンサルティングのホームページのの ＵＲＬ
・**電話番号：**送信時に電話番号を記録しておくと、後ほど電話する必要が発生した際に後で楽になります。

・**社長名**：社長宛にメールを送信する場合は、本文の最初に社長の個人名を記載すると反応率が高くなります。

・**住所**：Aコンサルティングの住所。

・**メールに記載した〝個別IDを含む自社のURL〟**：

http://dmshare.com/index.html?kcid=001

※「001」は「Aコンサルティング株式会社」に割り振った個別ID。

企業リストには、ターゲット企業の情報のほか、企業ごとに**個別の番号（個別ID）を割り振り、記載します。**ホームページを見にきたターゲット企業を判別するために非常に重要です。

この個別IDは、企業リストの表の「001」がそれに該当しますが、重複の無い半角英数字で設定します。※記号を含まない異なる文字列を割り振る必要があります。

次の手順「メールを送信する」を行う段階で、あなたの商品のホームページのURLを記載して送信しますが、その際、この**企業リストで指定した個別IDをそれぞれのメールに差し込みながら送信**していきます。そのため、メールに記載した〝個別IDを含む自社のURL〟も企業リストに記録しておきます。

3-5

③メールを送信する

メール文章に記載するＵＲＬ

送信先のメールアドレスを取得したら、企業リストを見ながら1通ごとにメールを送信していきます。メール文章の作成方法をご説明する前に、メールを送信する際に一番重要な個別ＩＤとメール文章に記載するホームページのＵＲＬの説明をしておきます。

メールを送信する時のポイント

- 企業リストにてメールアドレスと個別ＩＤを確認する。
- メールの本文に、ホームページに誘導するための、個別ＩＤをを含んだＵＲＬを記載する。

図 3-3　**企業リスト**

個別 ID	企業名	メールアドレス
001	A コンサルティング株式会社	info@A-consl.com
002	B 商事　株式会社	info@B-shoji.com
003	C 製作所　株式会社	info@C-seisaku.com

送信するメールには、企業リストにある個別ＩＤの情報を元に、左記のメール文章例のように、あなたの商品ホームページのＵＲＬをメール本文に記載します。記載する**ＵＲＬには、必ず企業リストに記載した個別ＩＤを**埋め込みます。

図 3-4
個別 ID「001」
A コンサルティング株式会社に
送るメール用の URL の例

本文：

当社は、××××××です。

▼詳しくは以下をご確認ください。

http://dmshare.com/index.html ?kcid= 001

自社 HP の URL　＝　http://dmshare.com/index.html
?kcid=　＝　?kcid=
個別 ID　＝　001

※ホームページの URL はすべて半角英数文字。

あなたのホームページのＵＲＬの後ろに「?kcid=」＋「個別ＩＤ」を指定し、商品のホームページに案内するＵＲＬを記載します。「?kcid=」は、**ホームページアクセスした企業を特定するために必要なおまじないだと思ってください。**

http:// あなたのホームページの URL ?kcid= 個別 ID

この個別ＩＤをＵＲＬに含めれば、送信先のターゲット企業ごとに異なるＵＲＬを案内出来ます。

メールを受信した企業が、**このＵＲＬをクリックして自社のホームページにアクセス**すると、アクセスログでどのＵＲＬにアクセスされたかがわかります。また、そのＵＲＬに含まれる個別ＩＤを確認することで〝どの企業が自社のホームページを見にきたのかもわかる〟わけです。

送信先のメールアドレスと、メール本文に埋め込んだＵＲＬに間違いが無いか企業リストで確認したら、メールを送信します。

図3-5　**送信先ごとに異なるＵＲＬを案内する**

【あなたのホームページのＵＲＬ】
http://dmshare.com/index.html　（既存のページＵＲＬ）
↓
【メール本文に記載するＵＲＬ】
企業リストの個別ＩＤ「001」は「Ａコンサルティング」であるため、Ａコンサルティングに送信するメールのＵＲＬの後ろには「001」を付与します。
http://dmshare.com/index.html?kcid=001
（Ａコンサルティングに送信するページＵＲＬ）

同様に「Ｂ商事」に送信するＵＲＬの後ろには個別ＩＤ「002」を付与します。
http://dmshare.com/index.html?kcid=002
（Ｂ商事に送信するページＵＲＬ）

※もし既にあなたのホームページのＵＲＬの中に「?」マークが含まれている場合は、「?」の代わりに「&」をつけて「&kcid=」＋「個別ＩＤ」の形式で送信してください。

例）
http://dmshare.com/index.html?code=abc
↓
http://dmshare.com/index.html?code=abc&kcid=001

3-6

メール文章の作成方法

それでは、送信するメール文章の作り方をご紹介します。

先にお伝えしたメールを送信するための**3つの目的（注意を引くこと、関心を持ってもらうこと、ホームページに誘導すること）**を達成するには、メール文章で何を伝えるのかという点が非常に重要です。

ここではメール文章作成の際のポイントと、そのポイントを踏まえて簡単にメール文章が作成出来るテンプレートと使い方をご紹介します。

1人の社長を思い浮かべてメールを作成する

メールDMを送信するというと、挨拶を飛ばした、いわゆるメルマガのような、非常にフランクなメールを作成し、相手に送りつける人がいます。

メルマガの体裁は既に関係が築けている相手に対して送るのには最適かもしれません。

しかしここでのメールは、ターゲットに設定した企業に初めてコンタクトを取る大切な段階です。

したがってメールを書く時のポイントは、相手の社長（あるいは宛先の責任者）の顔を思い浮かべながら、「是非、お会いいただきたい」といった思いを伝えるような気持ちで書いていきます。

一つひとつの企業に、「お会いしたい」「話をさせて欲しい」と心をこめて記載したメールが、最終的には結果に繋がりやすくなります。

そう理解すると当然、メルマガのような体裁にはならないと思います。特に文中に「◆◆◆、☆★☆、++++++」のような記号を含んだメール文は、メルマガのような一斉送信した売り込みメールの印象を強く与えてしまいますので、さけた方がよいです。

すべてを伝えてしまわない

メール文章ですべてを伝えてしまうことのないよう注意しましょう。

メール文を読んでいただいた企業にホームページにアクセスしてもらうには、ホームページにアクセスしたくなるような理由が必要になります。

メール文章ですべてを記載してしまってはホームページにアクセスする理由がなくなり

ます。メールの目的はあくまで注意を引き、関心を持ってもらうことです。

メール文章を見た人に「自社の課題の解決や、ニーズに応えるサービスがここにあるかもしれない」と思ってもらえるところまで伝えることが大切です。

そして更に知りたい情報、知らなくては困る情報が、ホームページにあることを伝えることによって関心を煽り、ホームページに誘導します。

メールDMで購入まで促さない

このメールの目的は、注意を引き関心を持ってもらい、ホームページに誘導することです。したがって、購入まで導くような記載はしません。

この3ステップ営業法は**「メールを送信する」→「アクセスログを取得する」→「電話営業をする」**を経て、段階的に欲求を喚起して最終的に相手と面会を取り付け、商談で受注を獲得する手法です。

☑ メールDM文章の構成要素～戦略シートの関係

メール文章の構成ですが、ここで重要になってくるのがADAマーケティングの考え方です。

メール文章そのものは、ADAマーケティングの中では、「Attention：気付きを与え、関心を持たせる」という役割を担います。

メール文章の中でも、

気付き（Attention）↓欲求の喚起（Desire）↓行動（Action）

の流れを作ります。

メール文章は以下の構成で組み立てていきます。

構成要素に、事前に作成した戦略シートから必要な項目を当て込むことで、簡単にメール文章を作成することが出来ます。

構成要素

Attentionブロック：メールに気づき開かせる

①送信者名

②タイトル

Desireブロック：興味を持ってもらう

③宛名

④挨拶

⑤自社紹介

⑥主旨紹介

⑦商品一言

⑧ベネフィット

⑨課題提示

⑩課題解決

⑪商品紹介

Action ブロック：ホームページに誘導する

⑫ランディングページへの誘導
⑬受信拒否
⑭著名

Attention ブロック：メールに気づき開かせる

メールＤＭの第一の関門は、ターゲット企業に送ったメールに気づいてもらうこと、そしてメールを開いてもらうことだとお伝えしました。

メールを受け取った人は、まず「送信者名」と「タイトル」で、そのメールが「自分に必要なものか、そうでないのか」を判断します。したがって「送信者」と「タイトル」で相手に必要がないと思われてしまうと、メールは開かれることもなく削除されてしまうでしょう。必要かそうでないかは「送信者名」↓「タイトル」の順番で判断されます。

①送信者名

送信者名は最初に判断されます。開かれる「送信者名」とは以下のようなものです。

・自分の知っている人からのメール

・個人名が入っているメール（内容を見ずに削除しづらい）

メール送信者が知り合いであればメールは開かれます。逆にネットショップ等からのメルマガや、売り込みメールなどの場合は開かれることなく削除される確率が高まります。

送信者が知り合いでない場合でも、送信者名に個人名が記載されたメールは、個人名が入っていないメールと比較すると開かれやすくなります。

私のこれまでの経験で言いますと、開かれる順番は以下の通りとなります。

(1) 熊谷　竜二

(2) ナレッジコンサル　熊谷 竜二

(3) Ryuji Kumagai

(4) (株) ナレッジコンサル

(5) KNOWLEDGE CONSULTING 熊谷

送信者にアルファベットを含めた場合、日本語だけの送信者名と比較すると読み飛ばされる確率が高くなる傾向があるようです。

②タイトル

メール送信者名が確認されたら、次に判断されるのはメールのタイトルです。開かれやすいメールの「タイトル」とは、以下の特徴を持つものとなります。

- **自分に必要と判断されるタイトル**
- **タイトルだけでは自分に必要なのかそうでないのかを判断出来ないタイトル**
- **内容を見てみないと問題・自社への不利益を生じる可能性があるタイトル**

よくやってしまいがちなのは、売りに走ってしまうようなタイトルや、メルマガのように奇をてらったタイトルです。

通常、初めての相手に送信するメールにおいて、タイトルだけでニーズを喚起することは中々難しいものです。

したがって、まずはメールを開いてもらうことを目的としてタイトルを考え、本文で商品情報を伝え、興味を持ってもらうようにします。

必ずしもこのようなタイトルがよいという意味ではありませんが、**開かれやすい例としては、開いてみないと内容がわからないものや、タイトルだけで削除してよいかどうか判断出来ないものなど**の参考例としてご了解いただければと思います。

・はじめまして
・ご相談です
・協業のご相談です
・御社製品について
・教えてください

また、タイトルだけで内容が想像されてしまうもの、開く・開かないの判断をつけられやすいものは避けた方がいいでしょう。

・〇〇商品のご提案
・〇〇商品について
・〇〇でお困りの方へ

Desireブロック：興味を持ってもらう

Desireブロックはメールの本文です。メールタイトルに関心を持ちメールを開いたターゲットに、より興味をそそる情報を提供することが目的です。

商品に関するすべての情報を記載するのではなく、ターゲットの課題をピンポイントで指摘し、その課題をあなたの商品が解決出来ること、あなたの商品を利用することで得られるターゲットのベネフィットを中心に記載し、興味を喚起します。

③宛名

メールの送信先は、基本的にインターネット上に公開されているメールアドレスです。それは企業の問い合わせ窓口の代表メールアドレスであるケースがほとんどです。

したがって送信したメールはあなたの会社が届けたいと思った人にピンポイントで届く訳ではなく、企業の受付に届く可能性が高いため、あなたがメールを届けたい担当者に転送してもらえるよう、メール本文の冒頭に「宛名」を記載しておかなければなりません。

情報を届けたい人が、相手の企業の社長であればホームページ等で社長名を事前に調べ「○○社長」と記載した方が転送してもらえる可能性は高まります。

情報を届けたい人が社長ではなく、名前がわからない場合は「総務ご責任者様」といった部署と役職で宛名を記載します。この宛名を記載することは非常に重要です。**宛名は後でご紹介します電話営業の際にも必要になってきますので、必ず記載するようにしてください。**

④挨拶

会ったことのない人（特に決裁者）に対して、初めて送信するメールです。

一対一で挨拶するように、礼節をわきまえ失礼のない書き出しの挨拶にします。

⑤自社紹介

自社、あるいはメールの送信者個人が何者なのか名乗ります。「自社ＰＲシート⑦」の内容を当てはめます。これは、後ほどご説明します特定電子メール法（135ページ〜）を遵守する意味でも必要です。

⑥主旨説明

何のためにメールをしたのか、「メール案内の主旨」を記載します。「何を提供したいか」を明確に伝えます。そしてこのタイミングで、提案したい商品・サービスの概略を短い言葉で簡単に伝えます。「○○のご紹介でご連絡しました」「○○のご相談でご連絡しました」

⑦商品一言

提案したい商品がイメージ出来る簡単な紹介を、簡潔な文章で記載します。
「商品PRシート②」の内容を当てはめます。

⑧ベネフィット

商品を手にすることで顧客が得られる、利益や状態、最終的な姿。
「ターゲット別PRシート⑤」の内容を当てはめます。
上記が明確になっていない場合は、「商品PRシート③」の内容を当てはめます。

⑨課題提示

ターゲットが抱えている主要な課題を記載します。

「ターゲット別ＰＲシート⑥」の内容を当てはめます。

⑩課題解決

必要に応じて記載します。メールＤＭは興味を喚起することが目的ですから、ここで問題解決をすべて記載してしまうとホームページを見る理由がなくなってしまいかねません。文章が長くなるようであれば、前項の「課題提示」だけ行い、「それを解決出来る方法はホームページで詳しくご紹介しています」として、ホームページに誘導してもよいです。

記載の必要があれば「ターゲット別ＰＲシート⑦」の内容を当てはめます。

⑪商品紹介

「商品一言」で商品のイメージがつきづらい場合には、ここで必要に応じて補足します。記載の必要があれば「商品ＰＲシート④」の内容から、長くならないよう主要なものを当てはめます。

☑ Actionブロック：ホームページに誘導する

Actionブロックは、メール本文（Desireブロック）を読んであなたの商品のより詳しい情報を得たくなったターゲットに対して、ホームページへわかりやすくスムーズに誘導することが目的です。

⑫ランディングページへの誘導

案内するURLはランディングページのURLを記載します。あなたのホームページのURL＋「?kcid=」＋「個別ID」です。

http:// あなたのホームページの URL ?kcid= 個別 ID

※ランディングページとは、ホームページへの訪問者がはじめに参照するページのことをいいます。最初に着地（ランディング）するページという意味です。

⑬受信拒否

受信拒否の通知を受けるための案内を記載します。受信拒否案内の記載は特定電子メール法上の義務となります。

【例】今回このようなご相談をさせていただきましたが、ご不要な場合はこのメールに返信で「不要」といただければ、今後お送りしないよう手配いたします。
大変ご面倒かとは思いますが、何卒宜しくお願い申し上げます。

⑭署名

会社名、送信者（個人氏名）、送信者の住所、苦情・問い合わせなどを受け付けることが出来る電話番号・電子メールアドレス・ＵＲＬなどを記載します。この記載も特定電子メール法上の義務となります。

図 3-6　メールテンプレート

メール文
A
送信者名
タイトル
D
挨拶
自社紹介
C-7 自社 PR ⑦
主旨説明
商品一言
P-2 商品PR ②
ベネフィット
T-5 ターゲット別 PR⑤
課題提示
T-6 ターゲット別 PR⑥
課題解決
T-7 ターゲット別 PR⑦
商品紹介
P-4 商品PR ④
A
ランディングページ誘導
受信拒否
署名

図 3-7　メールテンプレート

会社名　代表者名 様

はじめまして。
私、会社名 の 名前 と申します。

突然のメール失礼いたします。
メール案内の主旨 でご連絡させていただきました。

当社は、自社ＰＲ⑦ 会社を一言 です。

ターゲット別ＰＲ⑤ 相手のベネフィット

ターゲット別ＰＲ⑥ ターゲットが抱えている課題
を解決するサービスです。

以下のホームページに詳しい情報を記載しております。
是非、一度ご覧いただけると幸いです。

ランディングページへの誘導（ＵＲＬ）

今回このようなご相談をさせていただきましたが、ご不要な場合はこのメールに返信で「不要」といただければ、今後お送りしないよう手配いたします。

大変ご面倒かとは思いますが、何卒宜しくお願い申し上げます。
よろしくお願いいたします。

署名

図 3-8 メールテンプレートを使った当社の例

A コンサルティング株式会社
代表取締役　田中一郎 様

はじめまして。
私、株式会社ナレッジコンサルティング の 熊谷 と申します。

メールで大変失礼とは思いましたが、

弊社の営業支援サービスのご提案をさせていただきたく ご連絡させていただきました。

当社は、御社のホームページを見た企業がわかる顧客・営業管理システム というものをご案内しております。

営業で一番難しくて費用の掛かる新規顧客開拓を当社が代わりに実施して、見込み顧客を獲得しお引き合わせしますので、御社は商談営業だけに集中することが可能になります。

特に 新規開拓に苦労している、あるいは自社に営業の専門担当がいない という、課題を解決出来るサービスです。

以下のホームページに
当社の強みである「ホームページを見た企業がわかる仕組み」について、
詳しい情報を記載しております。
是非、一度ご覧いただけると幸いです。

▶ホームページ
http://dmshare.com/?kcid=001

今回このようなご相談をさせていただきましたが、ご不要な場合はこのメールに返信で「不要」といただければ、今後お送りしないよう手配いたします。

大変ご面倒かとは思いますが、何卒宜しくお願い申し上げます。
よろしくお願いいたします。

株式会社ナレッジコンサルティング
熊谷 竜二
東京営業所：東京都文京区湯島 2- × - ×
電話：03-xxxx-xxxx

3-7

閲覧率が高く安全な問い合わせフォームへの案内送信法

これまではメールを送信する方法を紹介してきました。

ここでメール以外のアプローチ方法として、企業のホームページに公開されている「問い合わせフォーム」へのアプローチ方法をご紹介します。

問い合わせフォームへのアプローチはメールＤＭでのアプローチと比較すると、以下のようなメリットがあります。

- **メールアドレスが公開されていない企業にリーチ出来る**
- **必ず相手が目を通す（着信率・精読率が高い）**
- **法律違反にならない**

メールアドレスが公開されていない企業にリーチ出来る

迷惑メールへの対策から、最近ではメールアドレスをインターネット上に公開する企業がだんだん減ってきています。

その一方でメールアドレスをホームページに公開していない会社であっても、その多くはホームページ上に「問い合わせフォーム」を開設しています。

以上のような理由からメールDMと並行して、問い合わせフォームに案内を送信することで、**より多くの企業にリーチすることが可能**になります。

必ず相手が目を通す（着信率・精読率が高い）

メールDMの場合、メール文章の内容によって迷惑メールに自動分類されてしまうこともあり、メールの着信率は徐々に落ちてきます。

一方、問い合わせフォームから入力された情報は、どの企業もほぼ間違いなくチェックし、内容にかかわらず必ず目を通されます。

つまり、**登録された内容を見てもらえる確率（精読率）が極めて高いのが、この問い合わせフォーム**なのです。

法律違反にならない

問い合わせフォームについては特定電子メール法の対象外になりますので、とても安全に案内を送信することが出来るのです。

問い合わせフォームのデメリット

ただし、問い合わせフォームにもデメリットはあります。それは非常に手間が掛かるという点です。問い合わせフォームは、入力する項目がバラバラに分かれていて、さらに各社それぞれ入力フォーマットが異なっています。

各社のフォーマットに合わせて入力をしていかなくてはならないため、**非常に手間と時間が掛かります。**とはいえ、顧客に対する到達率や精読率が高いため非常に強力な武器になります。

この入力の手間を削減するためのソフトウェアを本書読者の皆さまにダウンロードしていただけるよう、サイトにて無料で提供しております。ふろくの「ツールのダウンロード方法」（278ページ）を参照ください。

注意点

①礼をわきまえ相手のメリットを中心に

企業が問い合わせフォームをホームページ上に開設している目的は基本的に〝お客様からの情報を得る〟ための窓口です。営業行為を受け付ける窓口ではありません。

そういった理由からお客様からの問い合わせを受け付ける窓口に、一方的な営業案を入れてしまうと、少なからず悪い印象をあたえます。

相手のホームページを確認し商品をよく理解して、相手にメリットのある案内を行うことが大切です。

②営業行為禁止の案内に注意する

1つ目の注意点と近いですが、問い合わせフォームのページ上に「営業行為禁止」と記載されている場合があります。そこに今回の営業的な案内を送信してしまうと自社の印象を悪くする可能性があるため、送信を控えた方がよいです。

③フォームに合わせて文字数内に案内を収める

問い合わせフォームには文字数の制限を設けてあるケースが多いです。文字数制限があるということは、非常に短い文章の中で相手に自社商品のメリット、もしくは自社のホームページを見ていただくための興味を喚起する必要があります。メール文章とは違い、長さの違う案内のパターンを3つくらい用意しておくのがよいかと思います。

実際の案内の仕方

では具体的な案内の方法ですが、これは実際にやってみると非常に簡単です。検索エンジンで企業情報を検索した時に、その企業の問い合わせフォームを同時に探し、案内を送信します。

入力する案内には、メールの送信方法でもお伝えした**個別のURLを必ず入れる**ということがポイントです。

3-8

特定電子メール法について

「特定電子メール法」に抵触しないメール送信

本書でご紹介しているメールDMによる商品やサービスの宣伝行為ですが、適切なメール配信を行うための法律が存在します。それが**「特定電子メール法」**です。

この法律はまさに迷惑メール対策として施行されたものですが、万が一、違反した場合は行政処分や罰則の対象となるため、メールDMを送信する際はよく理解して行う必要があります。

それでは、「特定電子メール法」に抵触しないためには、どのような点を注意すればよいのか、4つのポイントを解説します。

①受信者の同意（オプトイン）の遵守

メール送信する際は、事前にメール受信者から「メールを受信してもよいという同意（オプトイン）」を確認する必要があります。

②配信停止の意思表示（オプトアウト）があった受信者にはメールを送信しない

一度、同意を取った受信者であっても「送信しないでほしい」という旨の意思表示（オプトアウト）があった場合は、その意思に反してメールを配信してはいけません。

③表示の義務を満たしたメール送信

広告宣伝メールの送信には、以下の表示（記載）が義務付けられています。これらの記載が無い場合、法律違反になる可能性があるので充分ご注意ください。本書でご紹介しているメールテンプレートは表示義務を満たしたものです。

【表示義務内容】

・送信者の氏名または名称
・受信拒否の通知が出来る旨の文言

・受信拒否の通知を受けるための電子メールアドレスまたはＵＲＬ
・送信者の住所、苦情・問い合わせなどを受け付けることが出来る電話番号・電子メールアドレス・ＵＲＬ

ここまでご覧になって、**①受信者の同意（オプトイン）の遵守**をしていなければ、メールを送信をしてはいけないとなると、「新規ターゲットにはメール送信が出来ないのでは？」と思われたかと思います。しかし、オプトイン規制には例外が設けられています。実は本書で紹介するメール送信先の取得もこの例外に則《のっと》って行っています。

④オプトインの例外

・名刺等で「電子メールアドレスの通知」をした者
・既に「取引関係」にある者
・「自己の電子メールアドレスを公表」している団体・営業を営む個人

「自己の電子メールアドレスをインターネットに公表している団体・営業を営む個人が

送信する場合」については、メールを送信することが可能なのです。

インターネットからメールアドレスを取得する際は、

・インターネット上に公開されているもの

・法人のメールアドレスもしくは営業を営む個人

・メールアドレスが公開されているホームページ上で「記載のメールアドレスへの営業行為の禁止」が記載されていないもの

この**3つを満たしているメールアドレスを取得**してください。

本書でご紹介するメールDMの送信については、「特定電子メール法」における、この「例外事項の規約」に則っております。以上の点に気をつけてメールアドレスを取得すれば全く問題はありません。

☑ 特定電子メールの送信の適正化等に関する法律のポイント

ここで記載した特定電子メール法ですが、改定されることもありますので、ご自身で総務省が提供する「特定電子メールの送信の適正化等に関する法律のポイント」等を確認し、法律を遵守しながら行ってください。

※総務省「特定電子メールの送信の適正化等に関する法律のポイント」広告宣伝メールに係るオプトイン方式の規制等について
http://www.soumu.go.jp/main_sosiki/joho_tsusin/d_syohi/pdf/m_mail_pamphlet.pdf

3-9

メールアドレスを インターネットから集めた方がよい理由

法律違反の防止

最後に3－3で少し触れましたが、メールアドレスをインターネットから集めることをお勧めする理由をまとめておきます。一番の理由としては、**出所のわからないメールアドレスに営業メールを送信してしまうと法律違反になる可能性がある**ためです。

メールDMによる営業行為は「特定電子メール法」という法律によって規制されています。この法律をきちんと守ってメールを送信しないと、法律違反で厳しく罰せられる可能性があります。

あなたの会社と接点の無い企業に営業メールを送信する場合は、送信してよいメールアドレスかどうかインターネットで確認することが重要なのです。

着信率がよい

メールアドレスをインターネットから取得した方がよい理由の2つ目は、営業の効果です。

リスト販売業者から購入したメールアドレスの場合、アドレスの質が悪いとメールを送っても届かずエラーで返ってきたり、そのままゴミ箱に入ってしまったりということが起こります。

このような状況が起こる理由は、リスト販売業者がそのメールアドレスを不特定多数に販売しており、そのメールアドレスには日々大量の迷惑メールが届くため、受信者がそのアドレスを既に利用していないケースもあるからです。

もちろんこのようなメールアドレスは、企業のホームページには既に掲載されていないケースがほとんどです。

現在、インターネットで受付窓口として公開されているメールアドレスであれば、企業側も大切な取引のメールを見落とすわけにはいかないため、必ずメールは確認されています。

もちろん、メールタイトルや送信者によってメールが開かれないケースは考えられますが、少なくともメールの着信率は格段に上がります。

まずは**相手に間違いなくメールを届けるためにもインターネットで確認し、その時点で正式に公開されているメールアドレスを取得し、**企業リストに書き込み、送信されることをお勧めいたします。

またホームページに直接アクセスし、確認すれば、仮にメールアドレスが公開されていない場合でも、「問い合わせフォーム」に案内を送付することが可能です。

相手企業のホームページを確認出来れば、問い合わせの受付状況に合わせて、メールアドレスか問い合わせフォームのどちらかに案内が送信出来ますので、着信率は大幅に上がるのです。

相手のビジネスを理解出来る

インターネットでメールを集めることの最後のメリットとして、**相手のビジネスが理解出来る**という点があります。

相手企業のホームページを見て、どのようなビジネスを行っているかを理解してメール文章を工夫し案内を送るのと、一律同じ内容のメールを送るのでは全く反応が違ってきます。

相手のビジネスがわかっていれば、自社の商品・サービスが相手にどのように役に立てられるかを提案しやすくなります。これによって相手はそのメールが一斉送信ではなく、自分自身に宛てられたメールであると認識し、信頼も興味も生まれやすくなるのです。

第4章

アクセスログの取得

4-1

ホームページに誘導する目的

ホームページに誘導する最終的な目的は、アクセスログを取得し、3ステップ営業法のステップ3で電話営業を掛けるべき潜在顧客を明らかにすることです。

そのために、まずはアクセスログを取得することで、あなたの会社のホームページを見にきてくれた「潜在顧客が、誰（どの企業）なのかを明らか」にして、アクセス先のページで商品についての詳しい情報を伝えて、興味を引き、「購買意欲を刺激」し、「よりニーズの高い潜在顧客を選別」することが大切になります。

ホームページに誘導する時のポイント

- ニーズのある顧客を「見える化」する
- よりニーズの高い潜在顧客を選別する

●潜在顧客の購買意欲を刺激し、欲求を喚起する

●ニーズのある顧客を「見える化」する

「ニーズの見える化」は、本書の中でも最も重要なポイントになります。

DMを通してホームページにアクセスしてきた会社は、あなたの会社が送信したメールの内容に少なからず興味を持っているはずです。

つまり、**ホームページにアクセスしてきた会社がわかれば、それだけであなたの会社の商品・サービスに興味を持っている「ニーズのある顧客」を獲得することに繋がるのです。**

ニーズのある顧客がわかれば、次のステップでその企業から優先して電話営業を掛けていくことが可能になるため、電話営業をする件数は少なくても、見込客を獲得出来る確率は格段にアップします。

闇雲に電話営業を掛けていた時よりも当然営業は楽になり、さらに営業成績も上がり、営業コストも削減出来るでしょう。

●よりニーズの高い潜在顧客を選別する

メールを見てホームページにアクセスしてきた企業は、あなたの会社の商品に興味や関心を抱いている潜在顧客であることには違いありません。しかし、ホームページにアクセスした企業に闇雲に電話営業を掛けてしまっては営業の効率が落ちてしまいます。

より高い営業成果を得るためにはアクセスログの見方を工夫して、潜在顧客の中でもよりニーズの高い潜在顧客を選別していきましょう。ニーズの高い潜在顧客が選別出来れば、ニーズの高い順に電話営業を掛けるなど、より効率的にアプローチすることが出来るようになります。

●潜在顧客の購買意欲を刺激し、欲求を喚起する

自社のホームページにアクセスした企業は、基本的にあなたの送信したメールの内容に興味を持った潜在顧客です。ホームページにアクセスしてきた潜在顧客は、ここで自分が期待した通りの商品なのかを確認します。

ただしこの時点では、単にメールを見て関心を持っただけで、ニーズが成熟していないこともあります。

したがって、この段階で重要なのは、**その関心を「欲求に変わるまで引き上げる」こと**

です。

そのため、ホームページが果たす役割として重要なのは、より詳しい情報を提供し、潜在顧客の疑問に答えることで欲求を喚起することです。

まず、最初にアクセスするページで、いかに商品の魅力を伝えることが出来るかが重要となるため、ホームページの入り口となる「ランディングページ」の充実がポイントです。この段階で欲求を引き上げることが出来れば、この後実施するステップ3の電話営業の成果も大幅に向上します。

逆に、ホームページを見て自分が期待した商品ではないと判断されてしまうと、その後の電話営業も難しくなるため、ホームページ、特にランディングページで欲求を喚起することは非常に大切です。

ランディングページとは、先にもご説明しましたが、ホームページへの訪問者がはじめに参照するページのことをいいます。メールを送る際のリンク先や、インターネット広告などからリンクされて、はじめに訪れるページのことを、最初に着地（ランディング）するページという意味で、一般的にランディングページ（略してLPともいう）と呼びます。

3ステップ営業法では、メールDMからリンクされたページのこともランディングページと呼ぶことにします。

4-2

魅力的なランディングページを作り、アクセスログを取得・解析する

アクセス解析をして潜在顧客のニーズを把握する方法

送信したメール文章の中でホームページのＵＲＬを案内し、あなたのホームページを訪れてもらっただけでは、潜在顧客のニーズは把握出来ません。潜在顧客のニーズを把握するには、次の２つの手順を踏む必要があります。

① Googleアナリティクスを導入する
② アクセス解析して潜在顧客のニーズを把握する

4-3

①Googleアナリティクスを導入する

Googleアナリティクスを導入して、ニーズのある顧客を「見える化」する

ニーズのある顧客を「見える化」するために、まずはアクセスログを取得します。アクセスログの取得にはGoogleアナリティクスを利用します。

Googleアナリティクスとは、Googleが提供する無料で使えるアクセス解析ツールで、**自社のサイトにアクセスしてきたユーザーのページ閲覧状況**がわかります。

例えば、

- **ホームページの訪問者数は日にどれくらいか**
- **どのページがどのくらい見られているか**
- **訪問者はどこからアクセスしてきたのか**

などのアクセス状況を確認することが出来ます。

ただし、通常の使い方でGoogleアナリティクスから得られる情報は、特定のページに「誰か」がアクセスしてきたことだけです。

通常の使い方ではあなたの会社のホームページに「誰（企業名）」がアクセスしたのかまではわかりません。ただ、Googleアナリティクスと、この後ご紹介する方法を使うことで、ホームページを見た「企業名」等を明らかにすることが可能になるのです。

Googleアナリティクスの導入までの流れ

Googleアナリティクスの詳しい導入手順については、仕様変更によって変わりますので、ここでは大きな流れだけご紹介します。

インターネットで「Googleアナリティクスの導入手順」などと検索すれば、最新の導入手順を紹介しているサイトが多くありますので、不明な点があればそちらを参考に進めてみてください。

Googleアナリティクス導入までの主な手順は、次の3つになります。

①Googleアカウントを作成する
②Googleアナリティクスアカウントを作成する
③トラッキングコードを設置する

まず、①Googleのアカウントを作ります。

その上で、②Googleアナリティクスのアカウントを作成します。

そして、③自社のホームページのＵＲＬなどをGoogleアナリティクスで指定することで、トラッキングコードと呼ばれる専用のＨＴＭＬタグ（JavaScriptコード）を取得出来ます。


このトラッキングコードを、あなたのホームページの各ページに設置すると、Googleアナリティクスでアクセスログの取得が可能になります。

Googleアナリティクスの導入は、以上で完了です。

☑ Googleアナリティクスでアクセスした企業を確認する

Googleアナリティクスは非常に多くの機能を搭載しておりますが、ここでは本書の目的である「誰があなたの会社のページを見たのか」を確認するために必要な最小限の見方のみをご紹介します。

まず、ページごとのアクセスログの確認は、図4-1にある3つの手順を踏むだけで、非常に簡単に出来ます。

こうして表示されたページで、どのURLがどのくらいアクセスされたのかを知ることが出来ます。

アクセスログの確認手順はこれだけです。

アクセスログが確認出来るようになったら、アクセスした企業を割り出し、ニーズのある顧客を「見える化」していきます。

3章で説明した形式に沿って、自社のURLに企業ごとの個別IDを埋め込んでメールを送信してあるため、企業がそのURLをクリックしてホームページにアクセスすると、Googleアナリティクスの「行動」メニューに個別IDごとのURLが掲載されます。

図 4-1

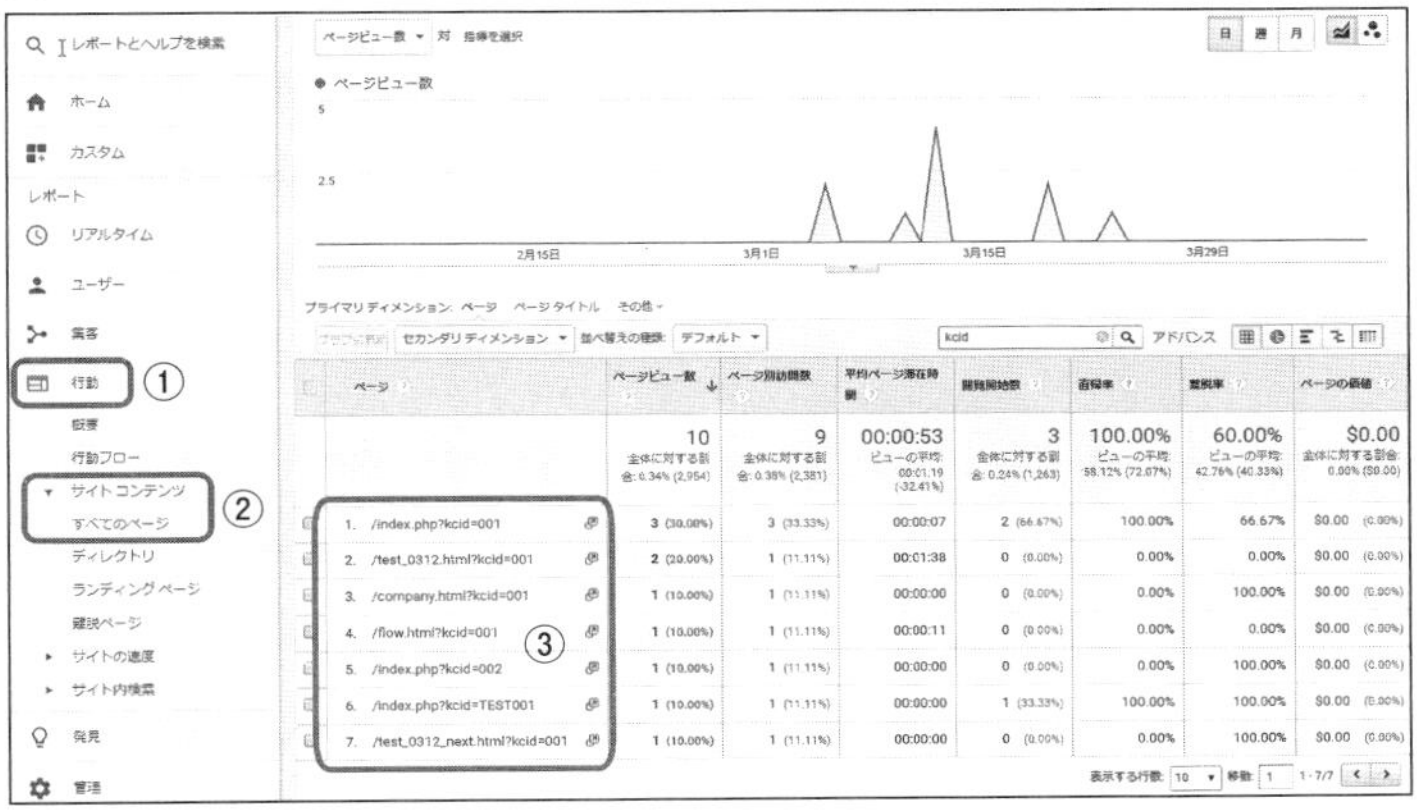

①まず、Google アナリティクスの「行動」メニューを開いてください（このメニューではホームページへの訪問者がどのようなページを閲覧したかを確認出来ます）。
②次に画面左側の「サイトコンテンツ」を開き、「すべてのページ」をクリック。
③そうすると、アクセスされたページの URL が表示されます。

つまり、表示されているアクセスログの末尾にある「kcid=個別ＩＤ」から、どの企業が見にきたかということが特定出来るようになるわけです。

例えば、図４-２のように、Googleアナリティクスのアクセスログの中に個別ＩＤが「００１」のＵＲＬがあったとします。そうしたら、企業リストを確認して、個別ＩＤが「００１」になっている企業をチェックします。

図 4-2　企業リストで割り振った個別 ID の例

個別 ID	企業名	メールアドレス
001	A コンサルティング株式会社	info@A-consl.com
002	B 商事　株式会社	info@B-shoji.com
003	C 製作所　株式会社	info@C-seisaku.com

Google アナリティクスアクセスログ

	ページ ?	ページビュー数 ↓ ?	ページ別訪問数 ?
		2 全体に対する割合: 5.41% (37)	2 全体に対する割合: 6.06% (33)
	1. /index.php?kcid=001	1 (50.00%)	1 (50.00%)
	2. /index.php?kcid=002	1 (50.00%)	1 (50.00%)

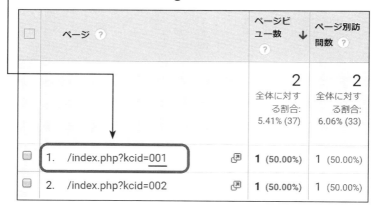

図4-2にある企業リストでは、IDが「001」になっているのは「Aコンサルティング株式会社」です。Googleアナリティクスのアクセスログを確認し、ページ列に表示されたURLの末尾にある個別IDを確認します。

そこに「001」の個別IDがあれば、「Aコンサルティング株式会社」がホームページにアクセスしてくれた、ということがわかります。

また、ホームページの中のどこのページにアクセスされたかは、「?kcid」の前の文字列からわかります。この例の場合では、Googleアナリティクスのアクセスログにあるように、「index.php」のページにアクセスしていたことがわかります。

実際にアクセスログを取得出来るか、事前に確認しておこう

Googleアナリティクスを導入したら、以下のような手順で試しにテストメールを自分宛に送信して、メール本文のURLをクリックした際に実際にアクセスログが取得出来るか確認してみましょう。

①まず個別ＩＤはＴＥＳＴ００１として、仮の企業名は企業リストの例にある「Ａコンサルティング株式会社」としましょう。

個別ＩＤ：　ＴＥＳＴ００１→Ａコンサルティング株式会社

②続いて、メール文章にＵＲＬを埋め込みます。ＵＲＬは、『http://あなたの会社のURL? kcid=TEST001』としましょう。ＵＲＬをメールに記載して、自分にメールを送ってみてください。

③届いたメールを開いたら、記載されたＵＲＬをクリックして自社のホームページが開かれることを確認します。

④次にGoogle アナリティクスを確認して、「行動」メニュー＞「サイトコンテンツ」＞「すべてのページ」を開きましょう。

ページの箇所に、『http://あなたの会社のURL kcid=TEST001』とＵＲＬが表示されていたら成功となります。

図 4-3　Google アナリティクスの使い方のヒント

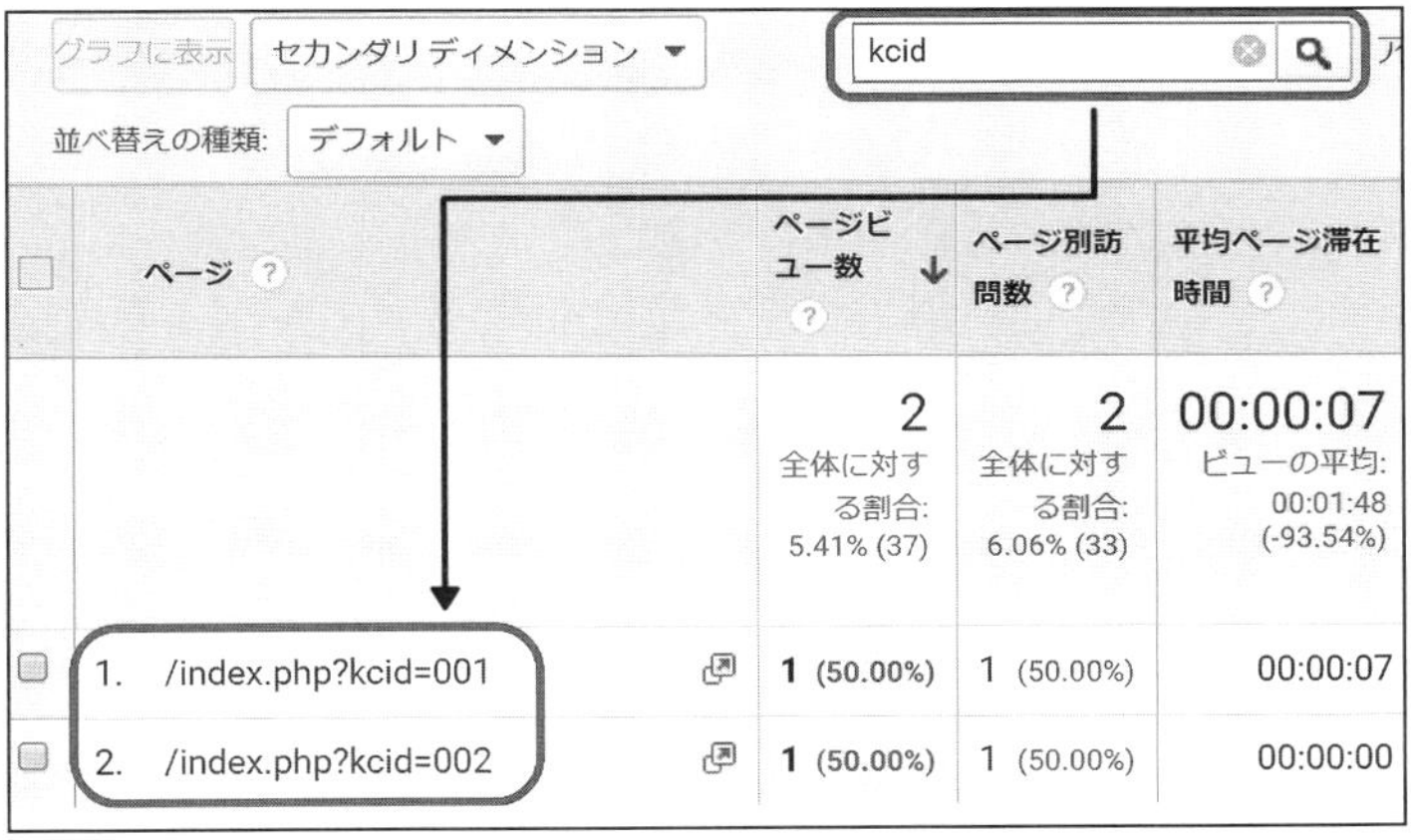

アクセスログの右上にある「検索」エリアに、「kcid」と入れて検索してみましょう。メール DM からアクセスされた個別 ID が埋め込まれている URL だけのアクセスログが表示され、見やすくなります。

個別 ID をチェック

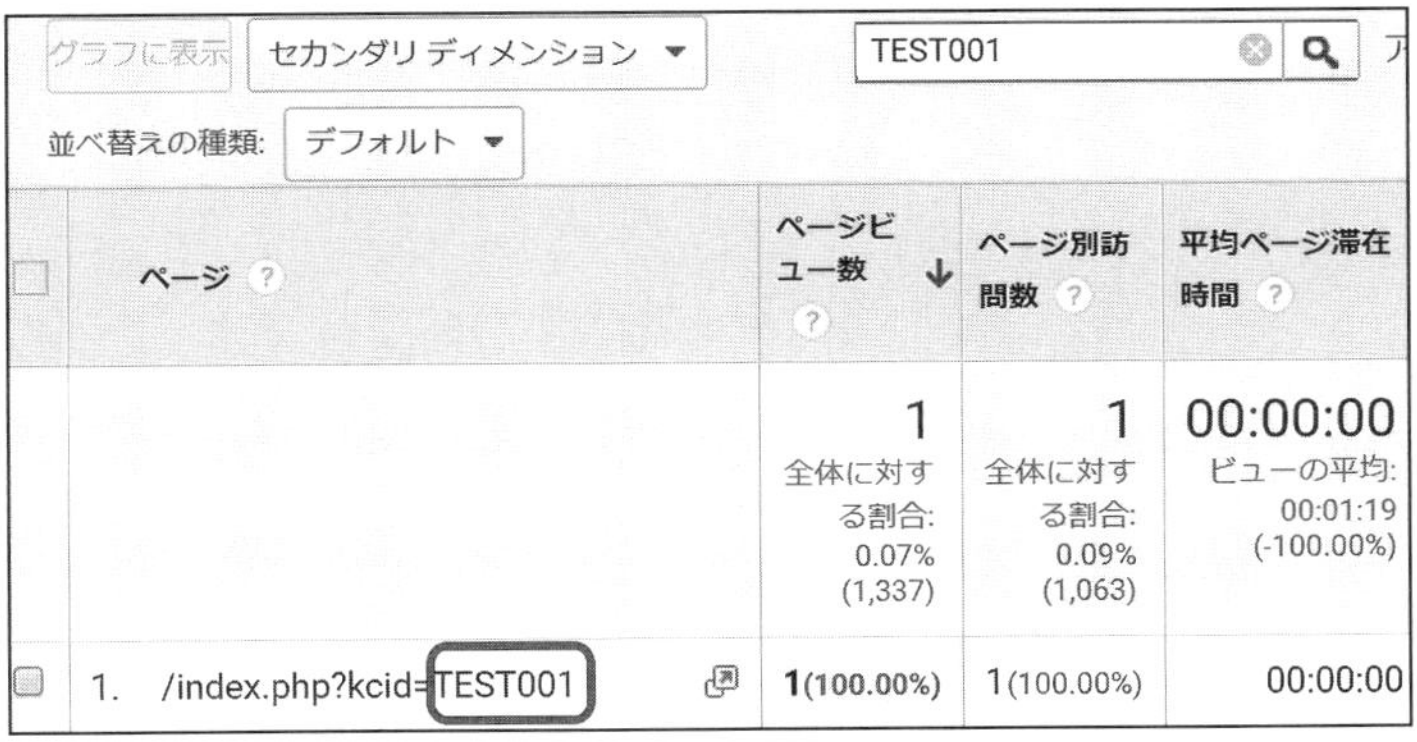

個別 ID が TEST001 になっているか、しっかり確認しましょう。
Google アナリティクスのアクセスログは反映されるまでに少し時間が掛かる場合があるので、反映しない場合は少し時間をおいて確認してみてください。

☑ アクセスログを記録する

アクセスログが取得出来たら、アクセス日やアクセス数などがわかるよう、結果を企業リストに記録しておきましょう。

5章で詳しく説明しますが、これらは電話営業をする際に心強い情報になります。

アクセス日とアクセス数はそれぞれ、

・潜在顧客がいつあなたの会社のホームページにアクセスしたか

・潜在顧客が何回あなたの会社のホームページにアクセスしたか

という情報です。アクセス日は、画面にて「セカンダリディメンション」＞「時刻」＞「日付」を選択することで一覧に追加される「日付」列で確認することが出来ます。

アクセス数は「ページビュー数」列の数値を確認します。

またアクセス日は個々の日付を記録する必要はなく、最終のアクセス日のみを企業リストに記録しておけばよいでしょう。

図 4-4

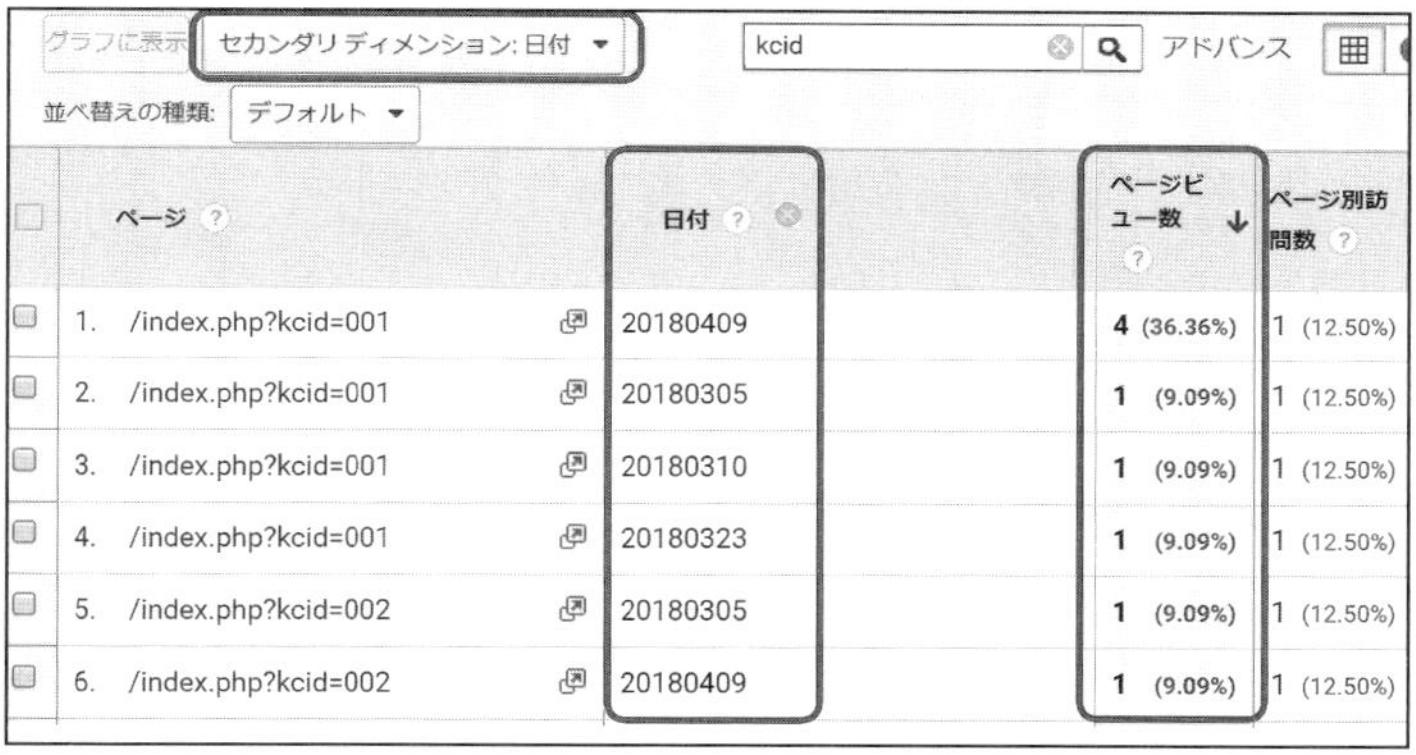

囲み内のページビュー数を確認して、顧客がホームページを訪れた回数や、顧客がいつホームページを訪れたのかなどをしっかりと調べましょう。

個別ID (必須)	会社名 (必須)	相手の メールアドレス	相手の 問い合わせ URL	案内日	アクセス 日付	相手の会社 URL	電話番号	社長名	住所	メール DM に記載した "自社の URL"
001	Aコンサルティング 株式会社	info@A-consulting .co.jp	http:// A-consulting.co.jp/ toiawase/	12月01日	12月01日	http:// A-consulting.co.jp/	03-xxxx-xxxx	○田○彦	東京都港区 xxxx-x-x-xxx	http://dmshare.com/index. html?kcid=001

顧客ごとに、個別 ID を振って顧客リストをまとめましょう。

企業名やメールアドレスはもちろん、ページビュー数からわかる情報以外にも、経営者の名前や顧客のホームページの URL など、様々な情報をまとめられます。

4-4

② アクセス解析して潜在顧客のニーズを把握する

Googleアナリティクスを使いアクセスログを取得すれば、ページにアクセスした企業、つまり「あなたの会社の商品に対してニーズを持っている可能性のある潜在顧客がわかる」とお伝えしました。

ここでは、ホームページにアクセスのあった企業の中から、よりニーズの高い顧客を判別するためのいくつかの材料と、その確認方法をご紹介します。

潜在顧客の中から、よりニーズの高い顧客を選別出来れば、
優先的に電話営業することが出来、
商談の獲得（アポイント）率を高められるため、
結果として新規顧客の開拓に掛かる費用対効果を上げることが出来ます。

一歩進んだアクセスログの取得の仕方

……………Cookieをセットし、よりニーズの高い企業を特定する

確かに、Googleアナリティクスを使用してアクセスログを取得出来るようになれば、企業ごとにアクセス数やアクセス日を特定出来るようになります。

しかし、メール本文のURLにアクセスした後、他のページも見てくれたのか、あるいは見ていないのかなど、アクセスしていただいた企業がその後どのような行動をとったのかまではわかりません。

もし、メール送信先の企業が、

・メールで案内したページから次にどのページに移動したのか？
・どのくらいの時間あなたのホームページに滞在してくれたのか？
・別の日に再びページにアクセスしてくれたのか？
・ブラウザの「お気に入り」に追加し「お気に入り」からアクセスしてくれたのか？

といった詳細な情報がわかれば、より詳しい顧客のニーズを判別することも可能になります。

そこで、ここではさらに一歩進んだCookieをセットしたアクセスログの取得方法をご紹介します。

この方法を用いれば、

・検索エンジンや、ブックマークなどのお気に入りからアクセスした場合

・メールにあったURLをクリックした場合

それらの状況を把握出来るアクセスログを取得することが可能となります。

Cookieをセットする手順は、次ページにまとめています。

Googleアナリティクスと同様に、次ページのタグをアクセスログを取りたいホームページ内の各ページに埋め込んでください。このコードは、当社の以下のアドレスからもダウンロード出来ます。

ダウンロードページ：http://dmshare.com/sample_book1/

Cookie をセットする手順

以下のタグコードをコピーし、アクセスログを取得したいページのＨＴＭＬファイルに貼り付けます。

```
<script type="text/javascript" src="http://dmshare.
com/sample_book1/kcid.js"></script>
```

ホームページ上のＨＴＭＬファイルをテキストエディタで開いたら、<head> ～ </head>　タグの間に貼り付けてください。

Google アナリティクスのトラッキングコードがある場合は、その前に貼り付けます。

このタグを埋め込むと、先程確認したGoogle アナリティクスの「行動」メニューのレポートと同様に、アクセスログが表示されます。

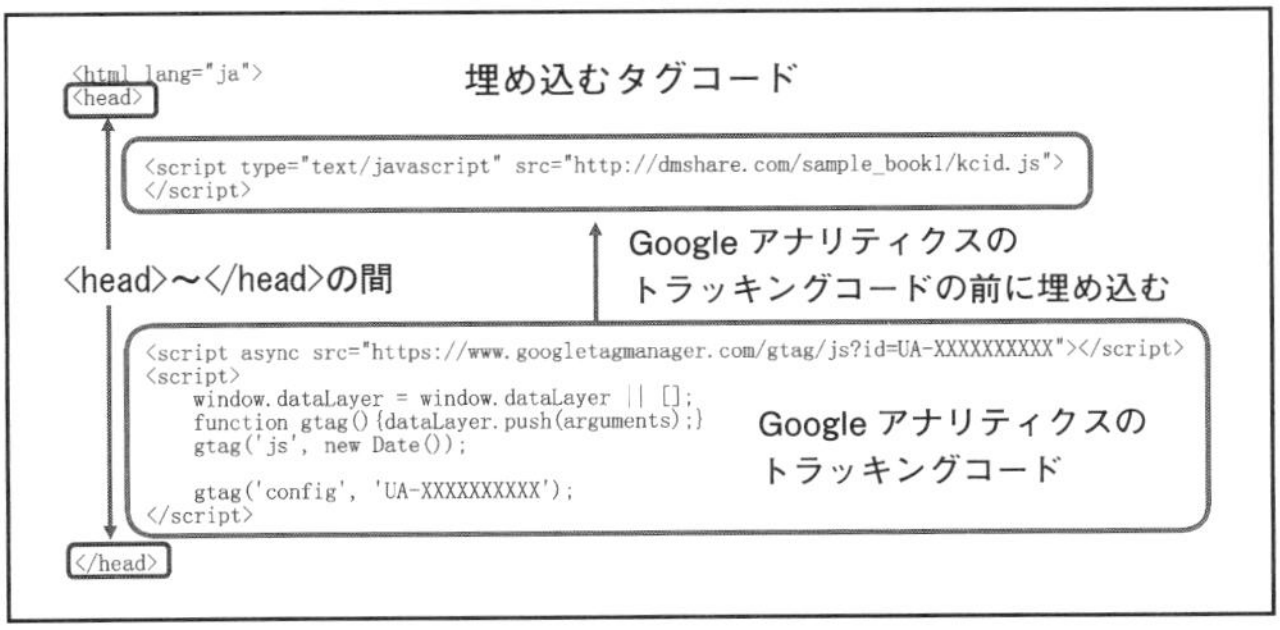

潜在顧客のニーズを掴むための判断材料

ホームページのアクセスログを分析することで、ホームページにアクセスのあった企業の中から潜在顧客のニーズの高さを推測することが出来ます。

私のこれまでの経験から、ニーズが高い潜在顧客は以下の５つのような傾向が確認出来ます。

①アクセス数が多い（アクセス数から判断する）
②日を跨いでアクセスしている（アクセス日から判断する）
③検索エンジンからアクセスしている（参照元から判断する）
④ブックマークからアクセスしている（参照元ＵＲＬがない／ブックマークから判断する）
⑤特定のページにアクセスしている（アクセスページから判断する）

①アクセス数が多い（アクセス数から判断する）

いくつか挙げた判断基準の中で、最もシンプルなものが、「アクセス数の多さ」です。

図 4-5　（アクセス数から判断する）アクセス数の確認手順

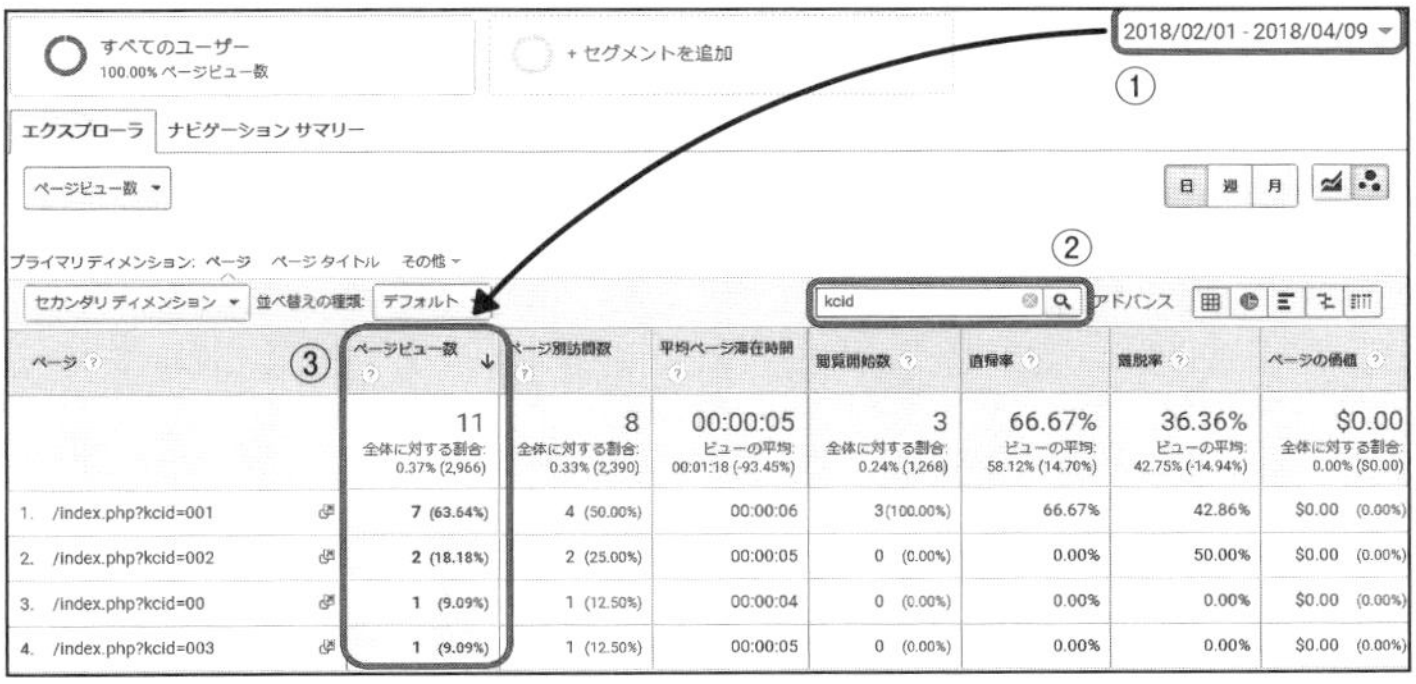

①日付範囲を指定する
②検索エリアに「kcid」を指定し検索
③「ページビュー数」の列に表示された件数がアクセス数

アクセス数が多いということは、**それだけ多くの人がページを見ているか、繰り返し何度も訪れている**ということになるため、ニーズが高い傾向にあります。

ただし、ホームページを見た企業の規模が大きい場合、会社の代表のメールアドレスに送信したメールが、複数の担当者に共有されていることがあります。そうなると、1人あたりのアクセス数は少なくても、該当の個別IDからのアクセス数は、小さな会社と比較して多くなる傾向があります。

しかし、その場合も、〝メールの内容を見た上で、複数の人が興味を持ってアクセスされている〟ということです

図 4-6　（アクセス日から判断する）**アクセス日の間隔の確認手順**

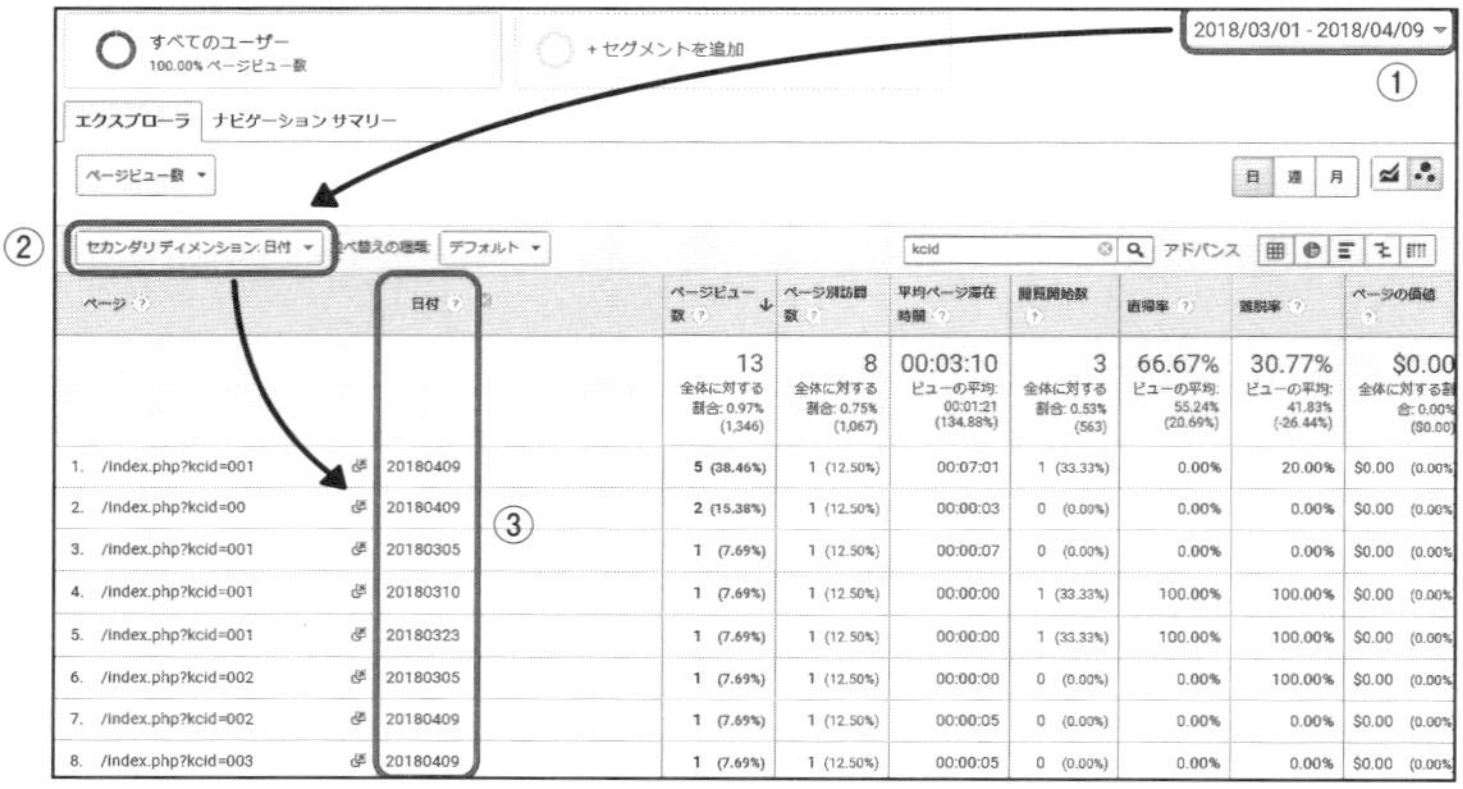

①日付範囲を指定し、検索エリアに「kcid」を指定し検索
②「セカンダリディメンション」＞「時刻」＞「日付」を選択
③「日付」列が追加され、特定の kcid が日付を跨いでアクセスしていることを確認

ので、むしろ**会社にニーズがある可能性は高い**と判断出来ます。したがって企業の大小にかかわらず、**「アクセス数が多い企業はニーズが高い」**と捉えて問題ありません。

②日を跨いでアクセスしている（アクセス日から判断する）

メールDMを送信すると、通常はメールを送信した当日もしくは翌日にアクセスが集中します。

この中には、送られてきたメールDMの内容に興味を持ち、ホームページにアクセスはしたものの、期待したサービスとは違っていたという、ニーズが無い企業も多く含まれます。

一方、一度ホームページにアクセスしてくれた企業が、再び別の日にアクセスする場合もあります。この場合、最初にアクセスした際にホームページに掲載されていた内容に関心を持ったため、再びアクセスしにきたと考えられます。

このように**一定期間の中で、日付を跨いで複数回アクセスしている企業はニーズが高いと言えます。**

③検索エンジンからアクセスしている（参照元から判断する）

一度アクセスのあった企業が2度目以降は検索エンジンから検索してアクセスしてくる場合があります。この場合、「ニーズがあるケース」と「ニーズが無いケース」の2通りがあります。

「ニーズがあるケース」は、最初にアクセスした際に非常に興味を持ち、会社名やサービスのキーワードを覚えていて、後日検索エンジンから検索してホームページにアクセスしてくるケースです。

「ニーズが無いケース」は、「勝手にメールを送信してきて、一体どんな会社なんだ」と否定的な感情で検索エンジンで会社名を調べ、アクセスしているケースです。

図 4-7　（参照元から判断する）参照元の確認手順

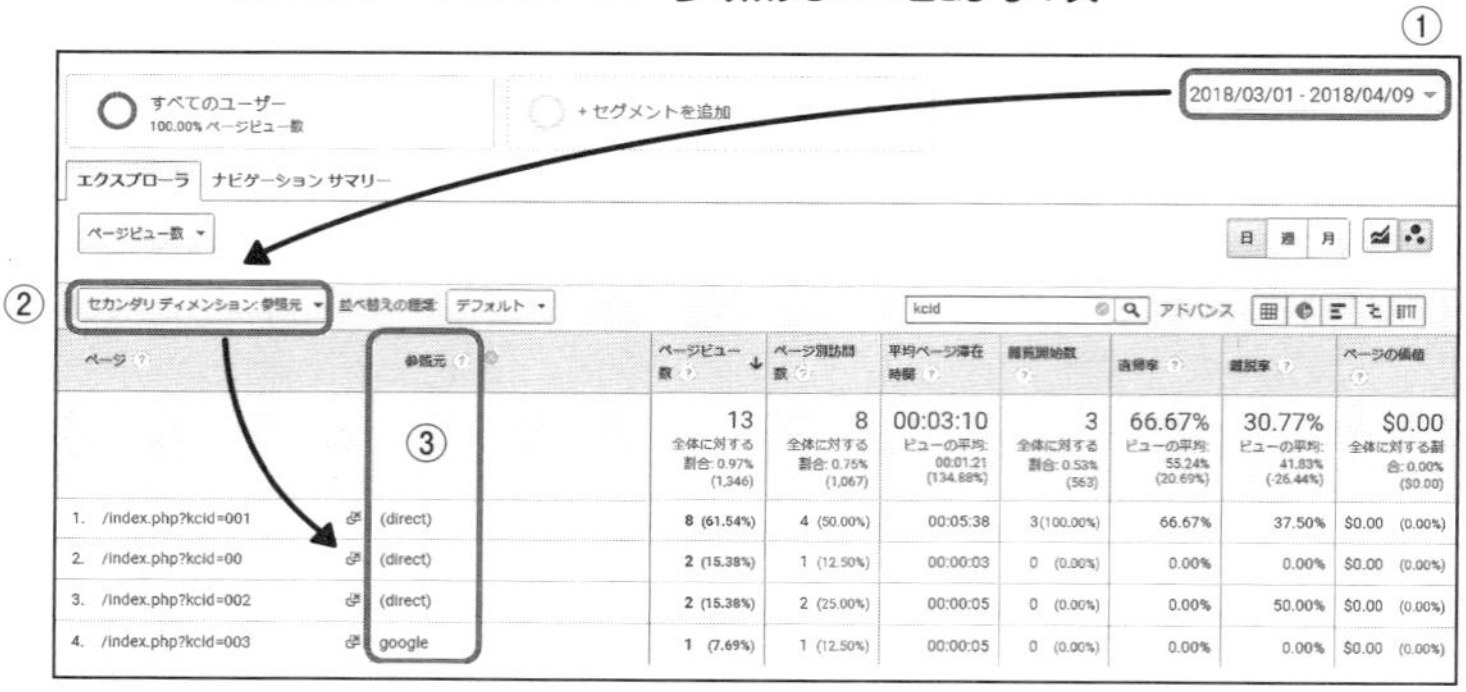

①日付範囲を指定し、検索エリアに「kcid」を指定し検索
②「セカンダリディメンション」＞「集客」＞「参照元」を選択
③「参照元」列が追加され、検索エンジンからアクセスしていることを確認

この判断は非常に難しいものの、当社が顧客にアプローチをした傾向では、検索エンジンからアクセスしている顧客は「ニーズがあるケース」が大半です。

したがって、まずは**検索エンジンからアクセスしている顧客はニーズが高い**と判断してよいでしょう。

ニーズが無いケースの場合、最初のアクセスからほとんど時間を空けずアクセスされるケースがほとんどですので、その傾向から判断をしてよいかもしれません。

（ブックマークから判断する）

図 4-8　「お気に入り」からのアクセスの確認手順

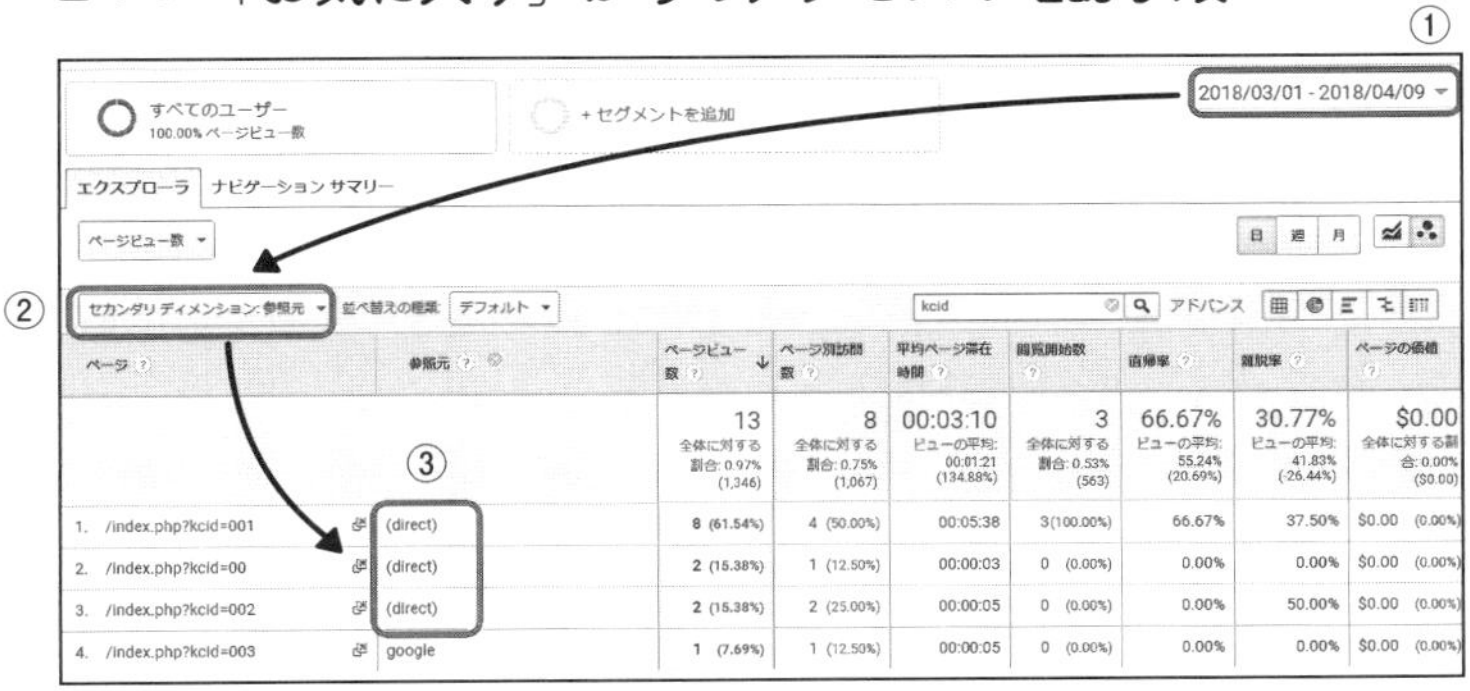

①日付範囲を指定し、検索エリアに「kcid」を指定し検索
②「セカンダリディメンション」＞「集客」＞「参照元」を選択
③ページで LP が無く、かつ「参照元」列が「Direct」になっているものは
「お気に入り」からアクセスされたもの

④ブックマークからアクセスしている（参照元URLが無い／ブックマークから判断する）

インターネット閲覧ソフトの「お気に入り」や「ブックマーク」機能からアクセスしている場合は、ニーズが高いと考えて間違いないでしょう。ただし「お気に入り」からアクセスしているというのは、厳密にはアクセスログからはわかりません。

しかし、ほぼ「お気に入り」からアクセスされていると判断することは出来ます。

それは、メール文章に記載したホームページのURLではないページにアクセスしている場合、かつ参照元のページURLが「Direct」になっている場合は、ほぼ「お気に入り」からアクセスされていると判断出来ます。そのようなアクセスはURLを覚えている以外に発生する可能性がほとんどなく実質URLを覚えているということは考えられません。

したがって、「お気に入り」からのアクセスと捉えることが出来、ニーズが高い顧客のアクセスであると判断出来るのです。

⑤特定のページにアクセスしている（アクセスページから判断する）

当社の場合、「ご利用の流れ（お申し込みの流れ）」というページをランディングページとは別に設けています。

このページにアクセスしてくれている顧客は、当社のこれまでの経験から受注に至る確率が非常に高く、電話営業をしてもアポイントに繋がりやすいためニーズが高いと判断しています。

「ご利用の流れ（お申し込みの流れ）」のページは、どのような商品・サービスでも当てはめることが出来るため、ニーズを測るために個別にページを作成し、アクセスログを確認してみてもよいと思います。

図 4-9　ページ別のアクセスの確認手順
（アクセスページから判断する）

ページ	ページビュー数	ページ別訪問数	平均ページ滞在時間
	12 全体に対する割合: 1.33% (903)	7 全体に対する割合: 0.99% (706)	00:03:10 ビューの平均: 00:01:16 (148.65%)
1. /index.php?kcid=001	6 (50.00%)	2 (28.57%)	00:07:01
2. /index.php?kcid=00	2 (16.67%)	1 (14.29%)	00:00:03
① 3. /company.html?kcid=001	1 (8.33%)	1 (14.29%)	00:00:00
② 4. /flow.html?kcid=001	1 (8.33%)	1 (14.29%)	00:00:11
5. /index.php?kcid=002	1 (8.33%)	1 (14.29%)	00:00:05

日付範囲を指定し、検索エリアに「kcid」を指定し検索すると、ページ別にアクセス数を確認出来る。
①が「会社概要」のページにアクセスした回数
②が「ご利用の流れ」のページにアクセスした回数

また商品やキャンペーンなどによって意識的にページを分け、そのページにアクセスした顧客の商談状況を継続的にウォッチすることで、あなたの会社独自に「どのページを見てくれた潜在顧客は受注に至る確率が高い」といったニーズの判別基準も充実していくと思います。

このようにホームページのアクセス状況と売上との関係を見える化しておくことは、潜在顧客のニーズを把握する上で非常に大切です。

☑ 分析に時間や労力を掛けない

最後によくある話を書き留めておこうと思います。

取引先の方とよくニーズの分析・判別のお話をさせていただく機会があります。すると

たまに、

「クレームをつけるために会社を見ているのではないか？」

「本当にニーズが高いかもっと正確に判別したい」

といったお声をいただくことがあります。

また、「より正確な判別」をするために時間を掛けて分析をした方がいいんじゃないか

と考える方も多くいらっしゃいます。

でもそのような時私は、

「時間を掛けてアクセスログを分析することはコストの無駄です」

とお答えしています。

理由は簡単です。

アクセスログの解析はあくまでも電話営業の効率を上げる手段の1つでしかありません。電話営業の効率を上げるためにアクセスログの解析に時間を費やしてしまっては本末転倒です。どんなに分析や統計学を突き詰めたとしても、直接顧客と接触しない限り結果はわかりません。

したがって、分析にこれ以上時間を掛けるより、まずは電話営業等で直接顧客にアプローチをして経験を重ね、それらの傾向からニーズの高い顧客の傾向を自社のノウハウとして蓄積していっていただければと思います。

また、ここまでにご紹介した情報だけでも、かなりの確率でニーズのある顧客に辿《たど》りつけるはずです。

4-5

注意を引く魅力的なランディングページを作る

潜在顧客の欲求を喚起する

ホームページにアクセスした企業は、メールＤＭに記載されたメール文章を見て興味を持ってアクセスしてきた潜在顧客です。

ただし、先述の通り、この時点ではメール文章を読んであなたの商品に興味・関心を持ったものの、まだ潜在顧客のニーズが成熟しているとは限りません。

したがって、メールＤＭからリンクされた最初に表示されるランディングページで、その関心を「欲求に変わるまで引き上げる」ことが必要です。

読み手が求める情報・内容に合わせてランディングページの情報を拡充することで、その後の営業の効果を高めることが出来ます。反対にランディングページに記載された内容がメールＤＭの内容と違っていたり、潜在顧客にとって期待外れであった場合、せっかくの潜在顧客が離れてしまうこともあります。

そのような離脱をなくすためにも、**ランディングページはターゲットごとに作成しましょう。**

ランディングページにアクセスしてくる企業は、メールDM内で案内した**個別の課題に対して関心を持った企業**です。

それぞれの企業が、個別の課題に対して解決策を期待してアクセスしてきます。それらの企業の欲求を喚起するためには、そのターゲット1社1社のニーズを正確に理解し、それに応えること、すなわち個別の訴求方法に最適化することが大切になります。

そのため、3ステップ営業法では、課題や欲求が共通している特定のターゲットを明確に定めて、**特定の課題や欲求を持つターゲットごとに複数のランディングページを作成し**ます。

ターゲットごとにランディングページを分けて作成し、ターゲットのニーズに合致しない不要な情報は極力省き、相手の知りたい情報だけに集約して訴求すれば、より欲求を喚起することが可能になります。

そして訴求効果を高めるためには、最初のメールＤＭの内容との連携が大切なポイントになります。

ターゲットがメールＤＭの本文を読み、求めた情報や知りたい情報がランディングページに掲載されていれば、潜在顧客の興味を強い欲求へ引き上げることが可能になるのです。

ランディングページを作るメリット

①メールＤＭの送信先を特定のターゲットに限定し誘導しているため、掲載する内容を特定のターゲットに最適化しやすい（通常のホームページはいろいろなターゲットが流入してきてしまうため、浅く広くの作りになってしまいがち）

②ターゲットが特定されているため、求めている情報、伝えるべき情報を１ページに集約出来る

③リンク先も少ないため、ページ移動による離脱が少ない

ランディングページの作成方法

それでは、ランディングページの作成方法を解説していきます。

ページデザイン等については紙面の都合上割愛し、本書ではランディングページの骨子となるワイヤーフレームの作成の仕方についてご紹介します。

ワイヤーフレームとはランディングページを作る際の設計図のようなもので、ページ内で「何を」「どこに」「どのように」表示させるかをまとめたものです。

つまり、記載するコンテンツの中でどこに重点をおき、何を先に伝えなければならないかなどを明確にする大切な作業です。この作業を自社のサービスを知らないホームページ制作会社に丸投げしてしまうと、顧客に全く響かないページになってしまう可能性もあります。そのため、ホームページ制作業者にデザイン制作を依頼する場合でも、自社の営業戦略を正確に反映させるためにワイヤーフレームだけは自社で作成することがとても大切です。

また以下に、ランディングページのテンプレートについても使い方と合わせてご紹介します。

ランディングページの構成要素～戦略シートの関係

ランディングページの構成ですが、ここでも重要になってくるのがＡＤＡマーケティングの考え方です。ランディングページそのものは、３ステップ営業法の中では、「Desire：サービスの詳細を伝え、欲求を喚起する」という役割を担います。

ランディングページの中でも、

気付き（Attention）→欲求の喚起（Desire）→行動（Action）

の流れを作ります。

ランディングページは、以下の構成で組み立てていきます。

構成要素に、事前に作成した営業戦略シートから必要な項目を当て込むことで、簡単にランディングページを作成することが出来ます。

キャッチコピーで訪問者の興味を刺激し（Attention）、本文で訪問者に商品を理解してもらうとともに、購買意欲を一気に刺激します（Desire）。そして、特典や保証などで最後の一押しを行い、具体的な行動に移させます（Action）。

このように、ランディングページの構成は訪問者の購入を促進する〝見せる〟ページ構成になっているのです。

構成要素

Attentionブロック：キャッチコピー

①キャッチコピー

Desireブロック：共感・理解促進

②商品一言

③ベネフィット

④課題提示・課題解決策

⑤商品詳細

⑥お客様の声

⑦差別化（比較）

Actionブロック：問い合わせフォーム誘導

⑧問い合わせフォーム誘導

Attentionブロック：キャッチコピー

①キャッチコピー

ランディングページの中でも関心（Attention）を引きつける導入部の役割を果たすキャッチコピーは、その名の通りページを訪れた人の心をつかむためのコピーでなければいけません。商品の内容に興味を持ってもらうための導入部、いわゆる「つかみ」の役割を果たします。

一番初めに表示されるエリアという意味で、「ファーストビュー」と呼ばれることもあります。

訪問者はこのキャッチコピーを見て、さらに情報を見るかどうかを判断するため、訪問者がほしいと思う情報がその後にあることを示し、その後を読み進めてもらう道筋を作ることがキャッチコピーの目的となります。

ターゲットは求めている情報の有無をわずか3秒で判断し、実に7割のターゲットがこのキャッチコピーを見ただけで離脱すると言われています。したがって、このキャッチコピーで、自社の伝えたいことをいかに簡潔にまとめられるかという点が重要になります。

キャッチコピーを作る時のポイントは、次の通りです。

・ターゲットが求める内容にする

メールＤＭでは、気付きを与えるためにターゲットに合わせたベネフィットや課題提示を行いました。

そのメールの内容に興味を持ったターゲットがホームページにアクセスしているため、**知りたいと思っている情報がこの先の本文に記載されていることを示す**のがキャッチコピーでは大切です。

・「自分に向けられたメッセージである」と思わせる

メールＤＭではターゲットを絞りメール文章を作成しましたので、同じターゲットに向けたものであることをキャッチコピーでわかりやすく示しましょう。自分（自社）に向けられた内容がその後に記載されていると判断され、読み進めてもらえる確率が高くなります。

そのため、同じ商品やサービスであったとしても、ターゲットによってキャッチコピーは変わります。

・どんな結果が得られるのかを伝える

案内する商品・サービスを利用した結果、自分の会社はどのように良くなるのかを記載します。この要素は、長い文章で記載するのではなく、短く、わかりやすいキーワードで伝えると伝わりやすくなります。文字だけでなく、絵を使って伝えてもいいでしょう。

ターゲットを具体的に掘り下げて、各々のターゲットに向けてどのような言葉・表現を使えば響くのかを考えることが大切です。

Desireブロック：共感・理解促進

②商品一言

商品を一言でイメージ・理解してもらえる言葉で表現します。

「商品PRシート②」の内容を当てはめます。

③ベネフィット

自社が提供する訴求内容（商品の価値）によって利用者が得られるベネフィットを記載

します。

「ターゲット別ＰＲシート⑤」の内容を当てはめます。

④課題提示・課題解決策

ターゲットが抱えている課題とそれに対する解決策を記載します。

「ターゲット別ＰＲシート⑥⑦」の内容を当てはめます。

この課題提示と解決策は、**3つに整理するとわかりやすく伝えられます。**

人間の思考そのものが、認知心理学上３つに整理することで「印象に残りやすく」「論理的に整理された印象を与えることが出来る」という特性をもっているためです。

また整理の仕方として「長い文章」で説明するより端的に「短い言葉」で表現すると、より伝わりやすくなります。

⑤商品詳細

商品の理解を深めてもらうため、サービス内容を記載します。

「商品ＰＲシート④」「商品ＰＲシート⑤」の内容を当てはめます。

ここでも商品の特長を３つに整理して、端的に「短い言葉」で表現するとより伝わりやすくなります。どうしても長い説明が必要な場合は、要点を先に述べ、説明を付け加えます。

⑥お客様の声

実際に商品を使ったお客様の声を記載します。実際に案内している商品を使っていただいているお客様のメッセージを、顔写真と共に掲載出来れば説得力と信頼性が増します。

⑦差別化（比較）

競合企業との商品の違いを、比較表などを用いて説明します。

「商品ＰＲシート⑦」の内容を当てはめます。

☑ Actionブロック：問い合わせフォーム誘導

⑧問い合わせフォーム誘導

お問い合わせやお申し込みフォームなど、顧客に行動を促すアクションに誘導します。

図 4-10　ランディングページのテンプレート

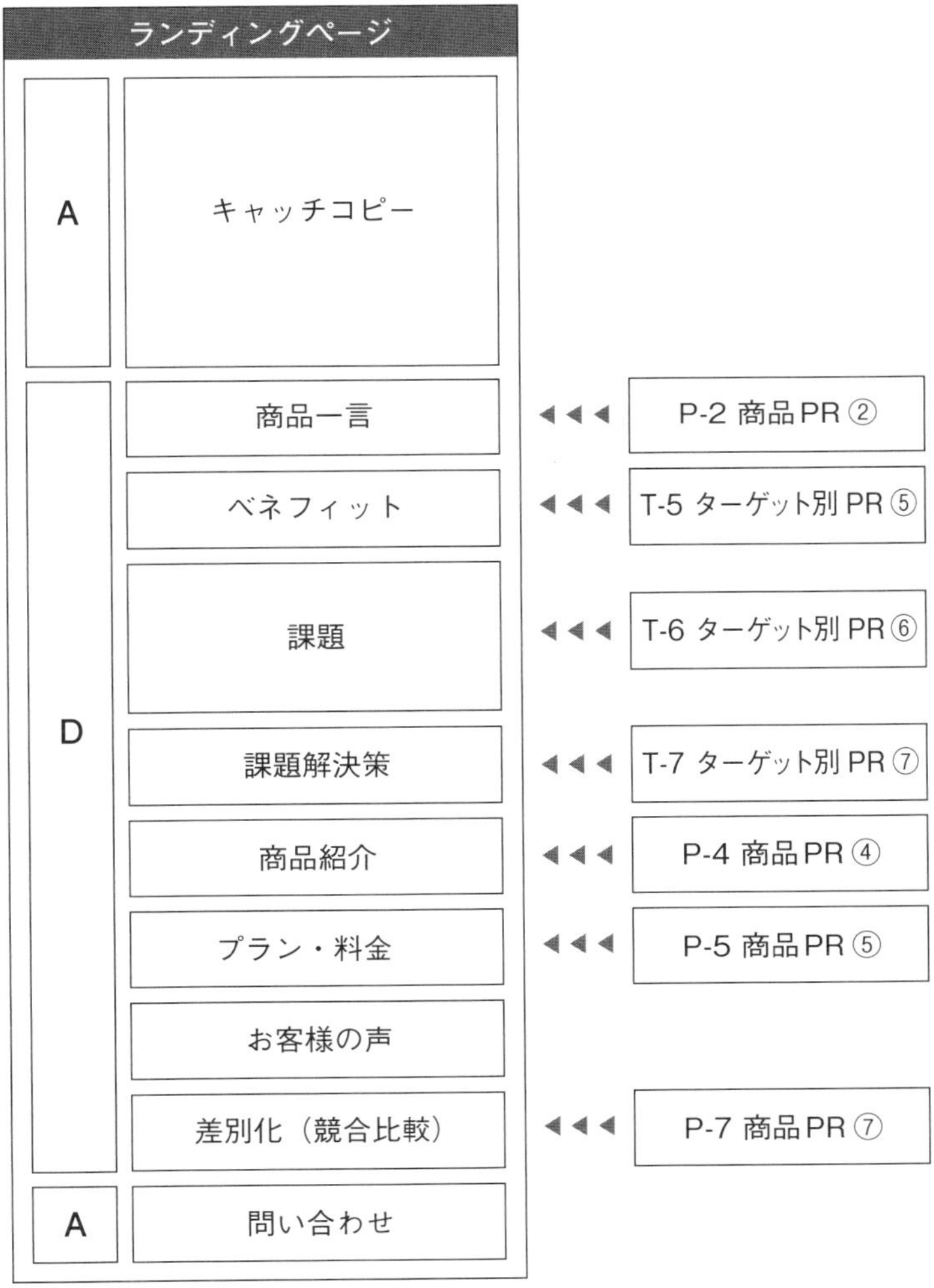

図 4-11　ランディングページのテンプレート具体例

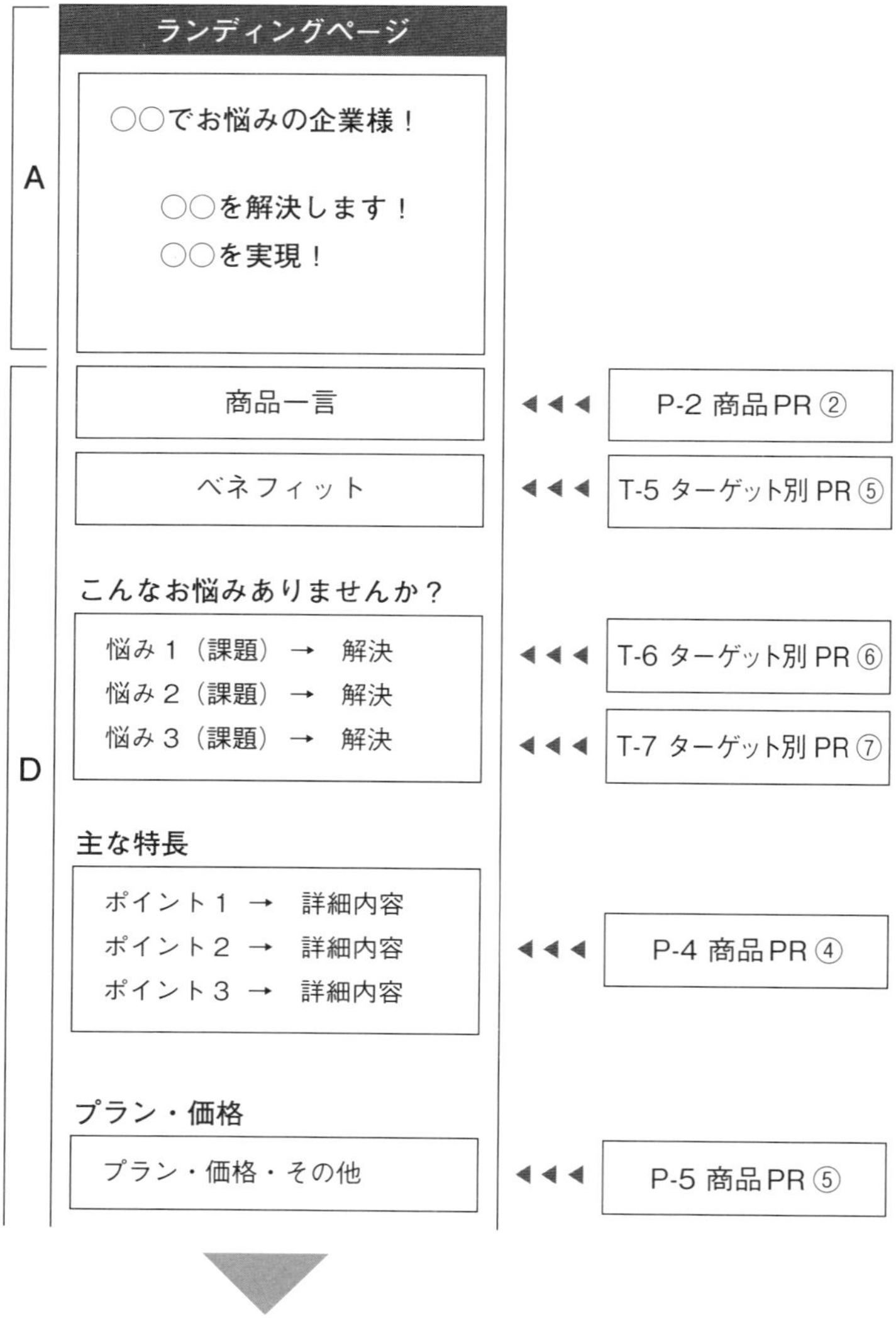

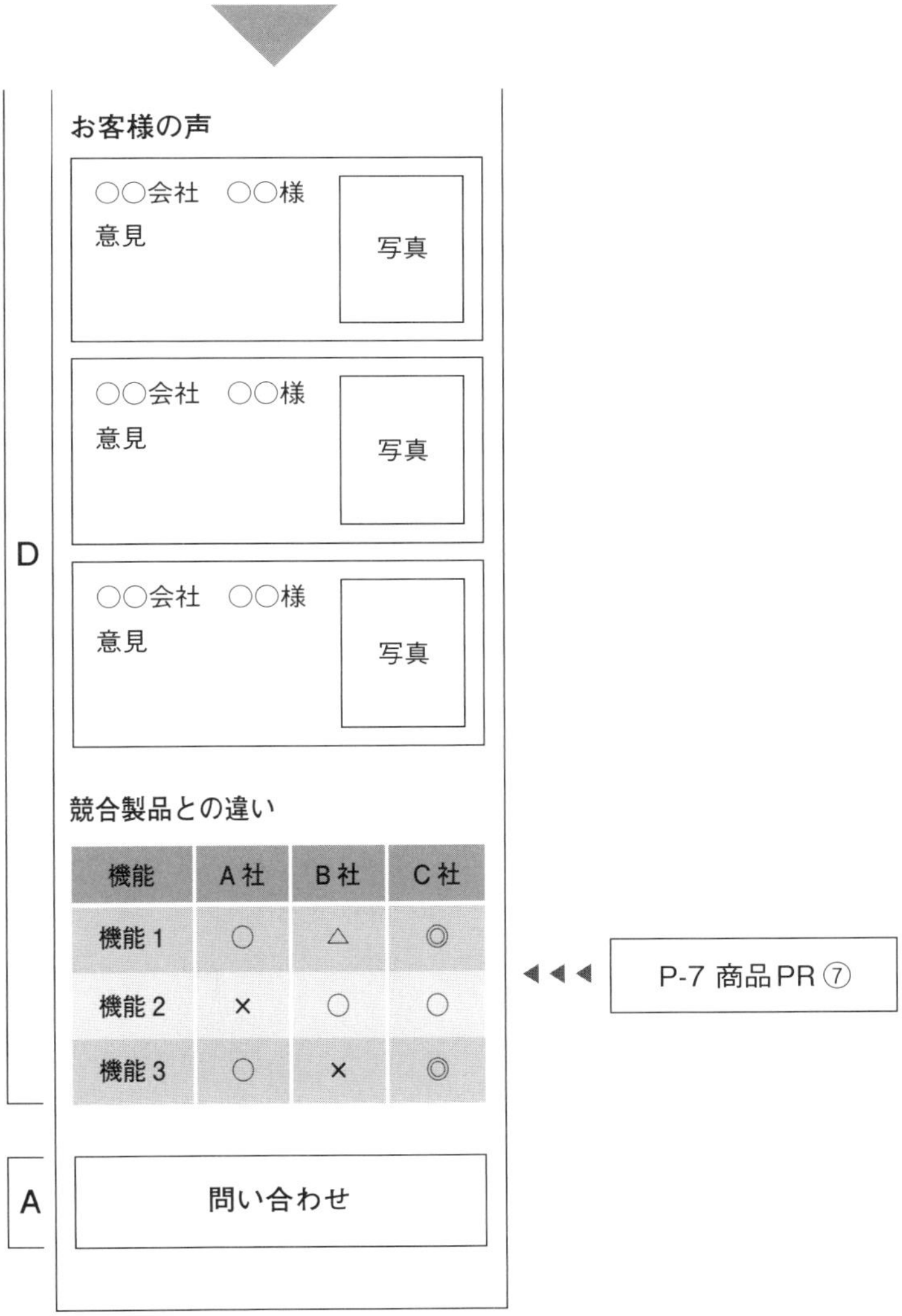
D
お客様の声
○○会社　○○様
意見
写真
○○会社　○○様
意見
写真
○○会社　○○様
意見
写真
競合製品との違い
機能	A 社	B 社	C 社
機能 1	○	△	◎
機能 2	×	○	○
機能 3	○	×	◎
P-7 商品PR ⑦
A
問い合わせ

図 4-12　ランディングページテンプレートを使った当社の例

新規顧客開拓でお悩みの製造業様！
下請け体質を解決します！
自社で顧客獲得の営業を実現！

製造案件の新規受注代行を提案します！

営業の専任スタッフがいない、あるいは営業が得意でない場合に定期的に見込客を代わりに獲得し、ご紹介させていただきます。

こんなお悩み、ありませんか？

悩み①：下請けの仕事ばかりで取引が継続していくか不安
→解決：自社で新規顧客を開拓出来る営業体制を確立します。

悩み②：自社に営業の専門担当がいない
→解決：当社は成果の出せる営業を得意としております。

悩み③：安価な案件ばかりで利益を出しづらい
→解決：ご契約者様と相談し、利益が充分確保出来る案件を選別してお戻しさせていただいております。

主な特長

ポイント①：ホームページを見た企業がわかる
自社のホームページにアクセスしてくれた企業がわかるシステムです。

ポイント②：メール DM 送信サービス
メールアドレス付の企業リストを 110 万件提供します。

ポイント③：テレアポ代行サービス
電話営業を代行して見込客を紹介します。

プラン・価格

・営業丸ごとパック Lite：月額 99,800 円
・営業丸ごとパック・スタンダード：月額 148,000 円
・営業丸ごとパック・ゴールド：月額 278,000 円

お客様の声

株式会社 A 会社　鈴木様

○○○○○○○○○○○○○○○○○○○○○○○○
○○○○○○○○○○○○○○○○○○○○○○○○
○○○○○○○○○○○○○○○○○○○○○○○○

写真

株式会社 B 会社　佐藤様

○○○○○○○○○○○○○○○○○○○○○○○○
○○○○○○○○○○○○○○○○○○○○○○○○
○○○○○○○○○○○○○○○○○○○○○○○○

写真

株式会社 C 会社　山田様

○○○○○○○○○○○○○○○○○○○○○○○○
○○○○○○○○○○○○○○○○○○○○○○○○
○○○○○○○○○○○○○○○○○○○○○○○○

写真

競合製品との違い

機能	A 社	B 社	C 社
アクセスログ	○	△	◎
メアド提供	×	○	○
営業代行	○	×	◎

問い合わせ

第5章

電話営業

5-1

電話営業をする目的

いよいよ最後のステップ「電話営業をする」です。実際に電話営業するのは、送ったメールに関心を持ってもらい、自社商品ホームページを見てくれたニーズのある潜在顧客に対してのみ行います。

このステップ3は、ＡＤＡマーケティングの「Action」にあたり、電話営業によって潜在顧客の行動を促すフェーズです。実際に電話営業を行い、あなたの会社および商品に対する欲求を喚起し、相手に行動を起こさせて、対面商談のアポイントの獲得に繋げていきます。

本書では、電話営業のゴールを「アポイント（対面商談）獲得」としていますが、この章でご紹介する考え方やテクニックは、その他のゴール（電話受注、自社商品のホームページへの誘導、セミナー誘導など）を実現する場合においても、参考にしていただけるテクニックです。

そのため、もしあなたの会社のゴールがアポイント獲得ではない場合でも、あなたの会社のゴールに置き換えて読み進めていただければと思います。

電話営業を行う上での3つのポイント

電話営業の最終的な目的は、決裁者のアポイント（対面商談）を取り付けることです。
そのアポイント獲得のために、まず**電話営業によって目的の顧客に電話を繋いでもらい、「あなたの会社の信頼を獲得」し、「商品に興味を持ってもらう」ことが大切になります。**

電話営業をする時のポイント

- **顧客の不安を取り除き、あなたの会社が信頼を得る（Attention）**
- **課題をヒアリングする（Desire）**
- **対面商談を取り付ける（ゴール）（Action）**

●顧客の不安を取り除き、あなたの会社が信頼を得る（Attention）

アプローチの段階では、相手の企業はあなたに対して「何か売り込まれるかもしれない」という強い警戒心を持っています。したがって、まずは相手の不安を取り除くことが大切です。

そのためには事前に相手の企業のホームページにアクセスし、業務内容をしっかりと理解してから電話をすることが重要です。

せっかくのニーズを見込める顧客だとしても、相手の会社のことが全くわかっていない状態で電話を掛けてしまっては、

「おたくはうちの会社が何やっているのかわかって電話してきているの？」

などと言われて、相手に取り合ってもらえないばかりか、不信感をさらに強めてしまうことになりかねません。

したがって電話営業をする前には、

「電話先の企業の主力商品は何か？」

「電話先の企業にどのような強みがあって、どのような課題を持っていそうか？」

など、相手の企業情報を事前に調べてから電話を掛けるようにしましょう。それにより相手との会話の糸口がつかめ、話をスムーズに進められ、結果として相手の不安を取り除くことが出来ます。

●課題をヒアリングする（Desire）

これまでステップ1のメールを送信する、ステップ2のアクセスログを取得するために、ランディングページへ誘導して、ターゲット（顧客）が持つ課題や欲求を想定して自社の商品が出来る解決策を提示してきました。

このステップ3の電話営業をする場面においても、想定している課題を改めて提示していきますが、実際に電話を掛けてみると相手の企業が抱えている課題が想定したものと違うケースがあります。

同じ業種であっても、企業ごとに抱えている課題は千差万別で、それぞれ異なることがほとんどです。

そこでこのステップ3では、「このような課題を御社ではお持ちでないですか？」と事前に想定した課題を相手に投げかけながら、相手が抱える〝本当の課題〟を引き出すことが大切になります。

ただし、話をしていく中で本当の課題を引き出すことが出来たとしても、その課題が自社の商品だけで解決出来ない場合は、

「そういった課題でしたら、このように解決している企業様もあります」

「このように工夫するだけでも、ずっと改善されると思います」

など、他社の事例を紹介したり、お金をかけずに実践出来る解決方法を提示することで、相手からあなたの会社が信頼を得ることが出来、実績や豊富な知識があることが伝わります。

そうすることであなたの会社が、

本当に相手の課題を解決し、欲求に応えることが出来るスキルを持っている会社である

という印象を相手に与えられます。

このような手順を踏んで相手からの信頼を得られれば、アポイントに繋げるハードルはグンと下がります。

また相手の課題をしっかりヒアリングすることは、訪問営業時の提案内容をより顧客のニーズに沿ったものにするためにも非常に重要になります。

●対面商談を取り付ける（ゴール）（Action）

電話営業の最終的な目的は、決裁者の対面商談のアポイントを取り付けることです。メールを送信し、ホームページを見てくれた企業に電話を掛けるというと、ホームページを見てくれた人を探してしまいがちですが、メールやホームページを見てくれた人にアポイントを取ったとしても、その後の商談をスムーズに進められるとは限りません。

したがって電話口の受付には必ず決裁者名を伝え、電話に繋いでもらうようにします。この場合の決裁者とはメールＤＭの送信の際、本文の最初に「〇〇社長」、あるいは「総務部　ご責任者様」といった宛名に記載した相手です。

もちろんメールの宛名に決裁者名を記載しているため、宛名に記載した人がホームページを見てくれた可能性は高いのですが、企業の代表のメールアドレスに送信したメールを必ずしも宛名に記載した決裁者が見てくれているとは限りません。

ただ決裁者以外の人がホームページを見ていたとしても、その〝企業にニーズがある可能性は高い〟という事実に変わりはありません。

つまり誰に電話を掛けたとしてもアポイントに繋がる可能性は高いわけです。

しかし、電話営業の目的は、あくまでも〝あなたの会社の商品の購入について決裁出来る担当者と会うアポイントを取ること〟ですので、最終的には「ホームページを見てくれた人」ではなく「宛名に記載した決裁者」にアポイントを取ることが、その後の商談をスムーズに進める上でも非常に大切になるわけです。

5-2

電話営業をする時のトークのコツ

それでは具体的に電話営業をする際のトークを作成していきます。

この電話営業のトークをまとめたものをトークスクリプトと呼びます。このトークスクリプトでも、ＡＤＡマーケティングの各フェーズを意識しながら作成していきます。ただし電話営業では、２つの大きな関門があります。

①受付をどのように突破して、目的の担当者・決裁者に繋いでもらうか？

②担当者・決裁者から対面商談アポイントを獲得出来るか？

ここでは、それぞれの関門を突破するための電話営業トークのコツをお伝えいたします。

5-3

① 受付をどのように突破して、目的の担当者・決裁者に繋いでもらうか？

電話営業の第一の関門は、企業に電話した際に、最初に電話口に出る受付です。

電話営業を掛けた時、受付の人の判断で目的の担当者や決裁者に繋いでもらえなかったという経験がある人も多いのではないでしょうか。担当者に繋いでもらわないことには何もスタートしません。

そこで、最初に電話口に出た受付の突破には、相手の心理をついた少しテクニカルなトークが必要になります。

受付突破に必要なテクニックは、「関係性のアピール」です。

関係性のアピールといっても、具体的にどうすればいいのかイメージが湧かないという人もいるかもしれません。

まずは次のAとB、2つのパターンの会話文をご覧ください。どちらも会社に電話した際のファーストトークです。相手の会社に電話をして、電話口に出た受付の人に、相手先の社長への取り継ぎをお願いしています。

Aパターン

「大変お忙しいところ申し訳ありません。私、○○株式会社の○○と申しますが、今、○○社長様はいらっしゃいますでしょうか？　もしお手すきでございましたらお取り次ぎいただけますでしょうか？」

Bパターン

「もしもし、○○株式会社の○○ですが、今○○社長いる？　ちょっと変わってもらえる？」

この2つのパターンのうち、どちらの方が社長に繋いでもらえる確率が高いと思いますか?

答えは「Bパターン」です。

少し驚かれたかもしれません。これは極端な例ですが、実際に担当者や決裁者に繋げてもらえる確率はBパターンの方が高くなります。

Aパターンは非常に丁寧ですが、丁寧すぎるが故にいかにも〝電話営業である〟という印象を相手に与えてしまいます。

一方、Bパターンは気安い言い方であるため、受付に「何か社長と強い関係を持っている人か、顧客である可能性がある。そのまま電話を切ってしまってはマズイ」という印象を与えるのです。

しかし、ここでご紹介した2つのファーストトークの例は、トークによる受付突破の違いを理解してもらうために、わかりやすい例としてご紹介したものになります。

通常はBパターンのような電話をしてしまうと失礼に当たり、仮にこのトークで社長に繋いでもらったとしても、その後クレームに発展してしまう可能性もあるため、お勧めはしません。

しかし、受付の担当者はこのくらい、

極めてシンプルな判断で担当者に電話を取り次ぐか否かを決めている

という点を覚えておいてください。

相手先の電話受付が判断する3つのポイント

それでは、実際のファーストトークではどのような会話をしていけば、受付は担当者や決裁者に電話を繋いでくれるのか説明していきます。

受付は大きく分けて３つの基準で、担当者や決裁者に電話を繋ぐか否かを判断しています。

1つ目は、電話口の相手（あなたの会社）が「お客様」かどうか

2つ目は、自社の担当者と「知り合い」か、何か「大切な取引先や関係者」かどうか

3つ目は、「単なる売り込み」かどうか

前者2つのように、自社にとって大切な人であると判断してもらえれば、まず間違いなく受付は担当者や決裁者に繋いでくれます。

しかし、3つ目の「単なる売り込み」と受付に判断されてしまえば、電話を取り次いでもらえる可能性は極めて低くなります。

したがって電話営業をする時は、いかに受付に対して、

売り込みではない

という印象を与え、

そのまま電話を切ってしまってはマズイ

と思っていただけるようなファーストトークが出来るかがポイントになります。

☑ 受付突破のテンプレートトーク

それでは、受付突破のファーストトークのテンプレートトークをご紹介します。

当社では、これからご紹介するテンプレートトークで8割近い受付突破を実現しています。

テンプレートトーク①

営業担当「お世話になります。私〇〇株式会社の〇〇と申しますが、今〇〇社長様はいらっしゃいますでしょうか？」

受付「はい、どのようなご用件でしょうか？」

営業担当「はい、先日お送りさせていただきましたメールの件でご連絡させていただきました」（ポイント①）

受付「はい……、メールと言いますと、どのようなメールでしょうか？」

営業担当「失礼しました。先日〇月×日に社長様宛に『〇〇に関するメール』をお送りしたところ、非常にご興味を持っていただき、弊社のサイトにお越しいた

だいておりましたので、その件で詳しくご相談をさせていただきたくご連絡させていただきました」（ポイント②）

受付「は、はい……少々お待ちください」

受付はこのテンプレートトーク①のやりとりを通じて、

ポイント① 事前に自分の会社の「社長」宛にメールを送信している

ポイント② そのメールを通じて、社長と既に双方向のコミュニケーションが行われている

といった内容によって、事前に担当者と繋がりがあり、すでに関係性のある人物からの電話だと受け取ります。

この関係性のアピールによって、担当者や決裁者に繋いでくれる確率は上がるのです。通常であれば、ここで担当者や決裁者に繋いでもらえることでしょう。

しかし、慎重な受付の場合、更に突っ込んで質問されるケースもあります。そういった場合は、以下のテンプレートトーク②に進みましょう。

テンプレートトーク②

受付「すみません……、当社の○○（社長）が御社にお伺い？　させていただいたということでしょうか……？」

営業担当「いえ、当社から○○社長にメールをお送りしたところ、○月×日に当社のホームページにお越しいただいていたのです。そして非常にご興味をお持ちいただき、当社の資料をご覧いただいておりましたので、その件のご相談でございます」（ポイント③）

受付「は、はい……少々お待ちください……」

ポイント③　メールを通じて「社長が」相手の会社のホームページを訪問し、閲覧している

テンプレートトーク①・②を通じて、営業担当が話す言葉の「ポイント①〜③」は、どれも内容にほとんど差がありません。丁寧な言い方に変えて、同じような内容を繰り返しているだけです。

おそらく受付は、何度質問をしても自社の社長と、電話口の営業担当とのハッキリとした関係性が捉えられない状態でしょう。

これは、関係性を丁寧に説明しているようで、意図的に相手にわかりやすく理解をしてもらうような説明はしていないため当然と言えます。

ただ、このように丁寧に3回も言い方を変えて説明すると、相手は「自分の理解が悪いのか？」と感じ、また本当に大切な取引先であれば質問を繰り返し相手の心証を害してしまっては申し訳ないという判断から、担当者や決裁者に繋いでくれる可能性が高まるのです。

ビジネスのモラルは人それぞれです。このようなやり方を良しとしない方もいらっしゃると思います。

ただ、普通のやり方を、普通にやっているだけでは中々結果が伴いません。売上アップへの最短ルートを得るためにまずは是非、お試しください。

5-4

② 担当者・決裁者から対面商談アポイントを獲得出来るか？

電話営業の第2関門は、受付から代わってもらった決裁者から〝**対面商談のアポイントを獲得する**〟ことです。潜在顧客の課題をヒアリングし、信頼を得ることで決裁者との対面商談アポイントを獲得する電話営業でも、ADAマーケティングの考え方を活用しています。電話営業の目的は、ADAマーケティングの中において、最も重要な「Action：最終的な行動を起こさせる」という役割を担いますが、この「決裁者からアポイントを獲得する営業トーク」の中でもさらに、

気付き（Attention）↓欲求の喚起（Desire）↓行動（Action）

の流れを改めて作っていく必要があります。

ここでは、決裁者との電話トークスクリプトを詳しくご紹介します。

☑ 営業トークの構成要素～戦略シートの関係

営業トーク構成要素に、事前に作成した戦略シートから必要な項目を当て込むことで簡単にトーク集を作成することが出来ます。ブロックごとに簡単に見ていきましょう。

構成要素

Attention ブロック：自社紹介

①挨拶・自社紹介
②主旨説明
③商品一言
④ベネフィット

Desire ブロック：信頼を獲得し課題をヒアリングする

⑤信頼獲得
⑥現状ヒアリング
⑦課題・欲求の提示

⑧課題解決策
⑨商品紹介
⑩差別化

Actionブロック：アポイントを獲得する

⑪アポイント獲得

ブロックごとにしっかりと手順を踏むことで、アポイントの獲得はより確実なものになるでしょう。

それでは、それぞれのブロックごとに詳しく説明していきます。

これまでに紹介した「商品ＰＲシート」や「ターゲット別ＰＲシート」を活用して、スムーズに話を進めていきましょう。

☑ Attentionブロック：自社紹介

①挨拶・自社紹介

挨拶と共に、自分の会社がどのような業務を行っているのか、簡単に説明します。「自社ＰＲシート⑦」の内容を当てはめましょう。

②主旨説明

次に「どのような用件で電話をしたのか」を、以下のように簡潔に伝えます。

「○○のご提案でお電話させていただきました」「○○の協業のご相談でお電話させていただきました」「○○に関すサービスのご紹介でお電話させていただきました」

このように電話の目的をはっきりと伝え、相手に理解していただきましょう。

最初に「ご提案」や「サービスのご紹介」などと言ってしまうと、早い段階で断られてしまうのではないかと考える人がいるかもしれません。

しかし、最初にはっきりと用件を伝えずに話を始めてしまうと、相手も要領を得ず、「いったいこの電話は何の電話なんだ？」と不快に思われてしまう場合があります。結果、最後まで不信感や不快感を取り払うことが出来ず、結果的にアポイントに繋がりにくくなります。したがって、最初の段階で「電話の主旨の説明」をしておくことをお勧めします。

③商品一言

相手が商品をイメージし理解出来るような一言で、商品を表現します。

「商品PRシート②」の内容を当てはめましょう。

④ベネフィット

「ターゲット別PRシート⑤」の内容を当てはめます。

Desireブロック：信頼を獲得し課題をヒアリングする

Desireブロックは相手の信頼を獲得し、相手の課題をヒアリングすること、そしてあなたの会社なら相手の課題を解決出来ると伝えることが目的となります。このブロックでしっかりと相手からヒアリングすることが出来ないと、次のクロージングに繋げる前に電話を切られてしまう可能性もあります。相手から話を引き出す方法としては、次のように会話を展開していきましょう。

図 5-1　御社は○○の事業をされているのですね？

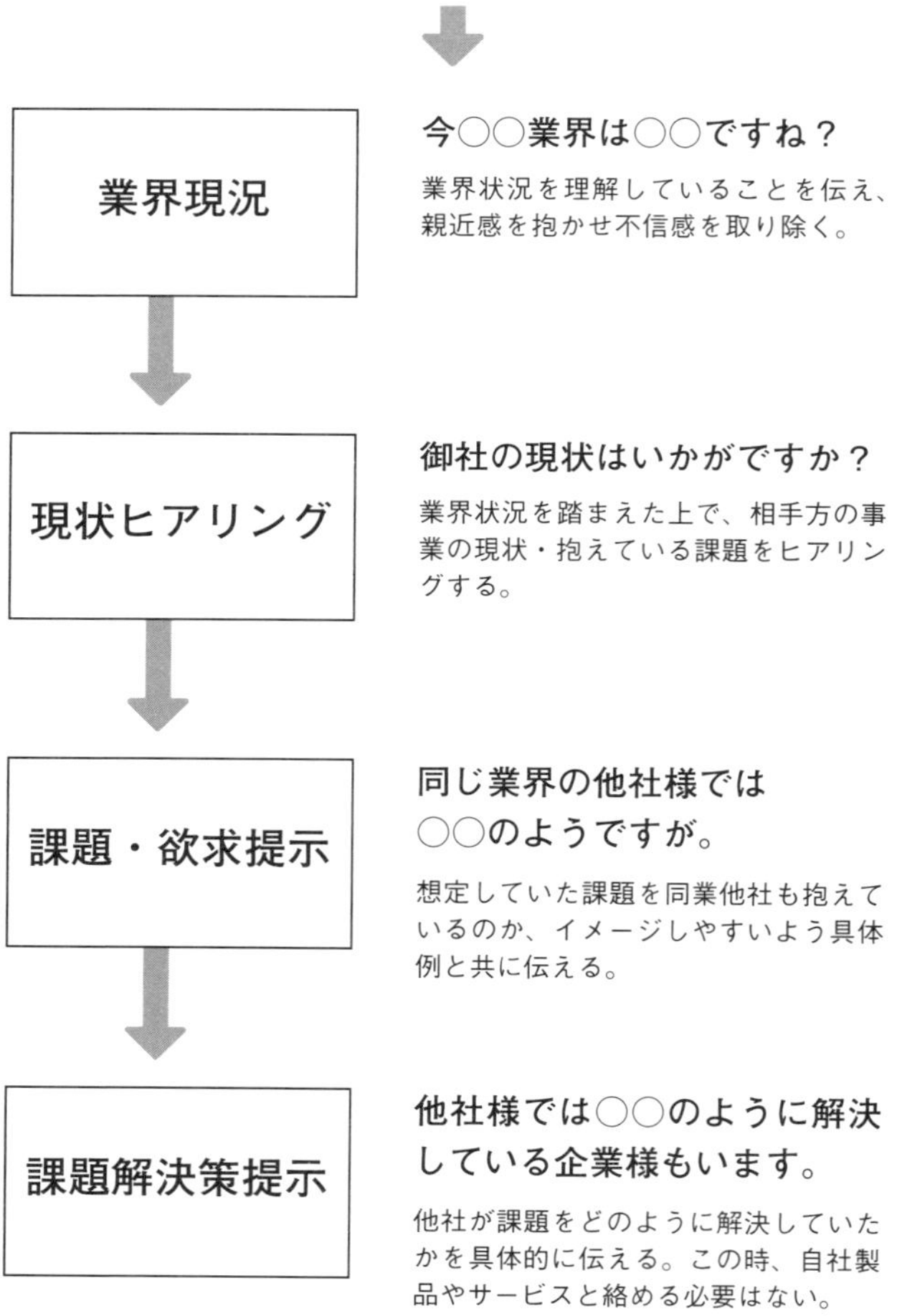
業界現況
今○○業界は○○ですね？
業界状況を理解していることを伝え、親近感を抱かせ不信感を取り除く。
現状ヒアリング
御社の現状はいかがですか？
業界状況を踏まえた上で、相手方の事業の現状・抱えている課題をヒアリングする。
課題・欲求提示
同じ業界の他社様では○○のようですが。
想定していた課題を同業他社も抱えているのか、イメージしやすいよう具体例と共に伝える。
課題解決策提示
他社様では○○のように解決している企業様もいます。
他社が課題をどのように解決していたかを具体的に伝える。この時、自社製品やサービスと絡める必要はない。

⑤信頼獲得

会話の糸口をつかみ、相手の課題を引き出すため、業界の状況などの話からスタートします。業界状況もきちんと理解していることを印象付けて信頼を獲得していきます。

基本的に相手からの話を引き出すためには、引き出したい話に関連する話題をこちらから振り、それに対して相手の状況を質問しましょう。そうすることで相手が答えてくれる可能性が高くなります。したがって、導入の話題は「相手の業界の現在の状況」「相手のホームページを見た感想」「同業他社から聞いた話」など、どのようなものでも構いません。目的は相手に親近感を持ってもらうことと、相手と話をするキッカケを作ることが重要です。

こちらが振った話に「そうじゃないよ。それは○○だ」といった形であっても、話に乗ってきてくれればしめたものです。

「そうなんですね。不勉強で失礼いたしました。すると御社は○○なのですか?」

といった具合に自然とヒアリングに入っていくことが可能になります。

⑥現状ヒアリング

課題を聞き出すために「現状どのようにしているか」をヒアリングします。前項の「信頼獲得」の話題で相手からの業界状況などの話が引き出せれば、自然に現状のヒアリングに話を展開していけるでしょう。

ヒアリングを自然に広げるには、事前にいくつか質問を用意しておくと便利です。

・現状に関する質問

○○についてお困りごとはありませんか？

○○は自社のスタッフ様で行われているのですか？

○○を他社にお任せされたことなどございますでしょうか？

今、○○について具体的に何か手を打たれていますか？

・ボリューム感に関する質問

○○に掛かるボリューム（時間、件数、人数、費用等）は、どのくらいですか？

⑦課題・欲求の提示

現状のヒアリングから課題を引き出せなかった場合は、事前に想定している課題を提示して反応を見ます。この時、**「ところで御社は……」**というキーワードを使うことで、スムーズにヒアリングが出来ます。

「御社と同業の他社様では、〇〇の点が課題だと仰っていました。**ところで御社は**そのような課題はありませんか？」

といったように、他社の事例として想定課題を提示してみることで、相手から課題を聞き出しやすくなります。同じ業種であっても、企業ごとに抱えている課題は個々に異なります。そのため実際に電話してみると想定していた課題が当てはまらないケースも多いでしょう。

そのため、事前に想定した課題を「このような課題を御社ではお持ちでないですか？」と相手に投げかけながらも、常に相手が抱える〝本当の課題〟を引き出す意識を持つことが大切になります。

相手に提示する課題は、「ターゲット別ＰＲシート⑥」の内容を当てはめます。

⑧課題解決策

相手から聞きだした課題が想定していた課題に当てはまれば、「ターゲット別ＰＲシート⑦」の内容から回答します。

⑨商品紹介

もし、電話口での商品の詳しい機能について説明を求められた場合には、「商品ＰＲシート④」の内容から回答します。

これは相手の会社が電話口で、商品機能を質問してきた場合の回答として準備していますが、機能について詳細な質問が出るようであれば、相手にニーズがあるということです。電話口で詳細を話すよりも、直接会って説明させてもらうよう、

「是非、その辺りの詳しい説明に伺わせてお話しさせていただければと思いますが、ご都合はいかがでしょうか？」

と言ってアポイントに繋げられるとベストです。

⑩差別化

競合との違いについて説明を求められた場合は、「商品ＰＲシート⑦」の内容から回答します。

ただ、こちらも電話口の相手の会社が競合商品のことを知っており、その違いやあなたの会社の商品の優位性の説明を求められた場合にのみ使用します。特に相手が競合との違いを求めてこない限り説明の必要はありません。

☑ Actionブロック：アポイントを獲得する

⑪アポイント獲得

電話にてひと通りの会話が出来た後は、対面でお会いいただくことを提案します。その際、提案をする中で〝会うことの障壁〟を下げられるかどうかがポイントになります。「対面で会ってしまうと強引に売り込まれるのでは？」という不安から、直接会うことを拒む人もいます。そういった不安をあらかじめ払拭してあげられれば、実際に会うことへの障壁を下げることが出来ます。

例えば、

・ご挨拶を兼ねて～
・会っていただいたからといって今すぐにお取引、というお話ではございません。
・まずは名刺交換を兼ねて～
・当社の営業スタッフが近くを廻っておりますので～

といった言葉を用いるだけでも、障壁を下げることが出来るでしょう。
以上が、アポイントを獲得するまでの電話営業における会話の流れになります。

図 5-2　電話トークテンプレート

電話トークの流れ		
A	挨拶	
	自社紹介	◀◀◀ C-7 自社 PR ⑦
	主旨説明	
	商品一言	◀◀◀ P-2 商品 PR ②
	ベネフィット	◀◀◀ T-5 ターゲット別 PR⑤
D	業界現況	◀◀◀ T-3 ターゲット別 PR③
	現状ヒアリング	
	課題・欲求提示	◀◀◀ T-6 ターゲット別 PR⑥
	課題解決策提示	◀◀◀ T-7 ターゲット別 PR⑦
	商品紹介	◀◀◀ P-4 商品 PR ④
	差別化	◀◀◀ P-7 商品 PR ⑦
A	クロージング（アポ）	

テンプレートには、電話トークの流れと、具体的なやりとりを想定した作り方をまとめています。自社のテンプレート例も掲載しておりますので、参考にしていただければと思います。

電話トークの流れ　テンプレートの文章

挨拶（以下、営業の言葉は囲みのものになります）

> お世話になります。私、会社名の名前と申します。
> 弊社は**自社PR⑦：会社を一言で**を行っている会社でございまして、先日メールにて、**メールタイトル**についてご案内をお送りさせていただいたのですが、
> ご覧いただけましたでしょうか？

相手：見てないよ。

ありがとうございます。弊社は **自社PR⑦：会社を一言で** を行っている会社でございます。

御社のホームページで○○が行われているのを拝見させていただき、**ターゲット別PR④：提案内容（電話の主旨）** のご提案（ご相談）でご連絡させていただきました。

弊社の強みといたしましては、**ターゲット別PR⑤：相手のベネフィット** という点でございます。

現状のヒアリング～差別化

ホームページを拝見しましたが、御社は○○の事業を行われているのですね。
今○○の業界は **ターゲット別PR③：業界現況** というお話をよくお聞きするのですが、御社はその辺りはいかがですか？

パターン①　相手の現況をヒアリング出来た場合、用意しておいた質問の投げかけ

○○についてお困りごとはありませんか？
○○に掛かるボリューム（時間、件数、人数）は、どのくらいですか？

パターン②　相手から現状をヒアリング出来ない場合、想定課題を提示

御社と同業の他社様からは**ターゲット別PR⑥：ターゲットが抱えている課題**といったお話をよく伺います。ところで御社は何かお困りごとや、こうなったらよいといったご希望などはございませんでしょうか？

パターン③ 相手の現状、および課題がヒアリング出来た場合、サービスの提案と他社との差別化

相手：うちの場合は○○だね。もっと○○になったらいいとは思うんだけど。

当社は、**ターゲット別PR⑦：当社サービスが出来る解決案**が可能です。その他にも同様のサービスはございますが、弊社のサービスは**商品PR⑦**という点が当社の強みとなっております。

クロージング

まずは当社を知っていただく意味でも、ご挨拶もかねてお話をさせていただけませんでしょうか？　お会いいただいたからといって、今すぐにお取引してくださいというお話ではございません。まずはご挨拶を兼ねて、少しお話をさせていただければと思っております。
今週、もしくは来週辺りご都合はいかがでしょうか？

電話トークの流れ　テンプレートを使った当社の例

挨拶

お世話になります。私、**ナレッジコンサルティング**の**熊谷**と申します。
弊社は**ホームページを見た企業がわかる顧客・営業管理システムで営業支援を行っている会社**でございます。先日メールにて、**営業支援のご提案**についてご案内をお送りさせていただいたのですが、ご覧いただけましたでしょうか?

相手：見てないよ。

ありがとうございます。弊社は**ホームページを見た企業がわかる顧客・営業管理システムで営業支援**を行っている会社でございます。
御社のホームページで○○を行っているのを拝見させていただき**営業代行のご提案**でご連絡させていただきました。

弊社の強みといたしましては**新規顧客を探す営業のストレスから解放され、商談案件だけに集中出来るため、業務の効率が上がるお手伝いが可能である**という点でございます。

現状のヒアリング～差別化

ホームページを拝見しましたが御社は、○○の事業を行っているのですね。当社では御社と同じ○○事業のお客様からもよくご相談いただくことも多いのです。その際、**下請けのお仕事が多く、価格勝負の安価なお仕事が多く大変**というお話をよくお聞きするのですが、御社はその辺りはいかがですか？

パターン① 相手の現況をヒアリング出来た場合

現在御社では、新規の顧客開拓はされておりますでしょうか？
今、御社では何名くらいの営業マンがいらっしゃるのですか？

月に何件くらい新規案件が入ってくるのですか？
何件の新規案件が安定的に入ってきたら嬉しいですか？

パターン② 相手から現状をヒアリング出来ない場合、想定課題を提示

御社と同業の他社様からは**自社に営業の専門担当がいない**であったり**安価な案件ばかりで利益が出しづらい**といったお話をよく伺います。ところで御社は何かお困りごとや、こうなったらよいといったご希望などございませんでしょうか？

パターン③ 相手の現状、および課題がヒアリング出来た場合、サービスの提案と他社との差別化

当社は**高い成果の出せる営業を得意としております。また見込客の開拓だけでなく、既存の取引先や休眠化している顧客情報について、ご契約者様と共有させ**

ていただきながら営業を進めていくため、単なる代行ではなく自社に専門の営業スタッフを雇用したような対応をさせていただくことが可能です。

また同業の金属加工会社様からは安価な案件ばかりで利益が出しづらいといったお悩みもお伺いしますが、当社はご契約者様と相談し、利益が充分確保出来る案件を選別してお戻しすることが可能です。

その他にも同様のサービスはございますが、獲得したアポイントを自社営業のように追客し見込化するという点が強みでございます。

パターン③の内容は、テンプレートの文章より少し実践的にまとめています。「ターゲット別PRシート⑦：当社サービスが出来る解決策」を提示すると同時に、「ターゲット別PRシート⑥：ターゲットが抱えている課題」も合わせて使用した例です。

相手の話す内容を予想して「ターゲット別PRシート⑥：ターゲットが抱えている課題」「ターゲット別PRシート⑦：当社サービスが出来る解決策」「商品PRシート⑦：差別化ポイント」などから主だったものを1～2個ピックアップしトークスクリプトを準備しておきます。さらに、実際に電話の会話の展開状況に応じて適宜、シートの中から最適な課題や解決策、他者との差別化ポイントなどの回答をピックアップしながら話しを展開していくとよいでしょう。

クロージング

まずは当社を知っていただく意味でも、ご挨拶もかねてお話をさせていただけませんでしょうか？
お会いいただいたからといって、今すぐにお取引してくださいというお話ではございません。まずはご挨拶を兼ねて、少しお話をさせていただければと思っております。今週、もしくは来週辺りご都合はいかがでしょうか？

テンプレートに当てはめて作成したら、自社の商品やサービスのことをよく知らない外部の人に聞いてもらうなどして、十分にロールプレイングを行いましょう。
さらに、口頭では不自然な表現や硬いと思われる表現を、より伝わりやすい口語の表現に修正することで、より良いトークスクリプトに変更していくことが可能になります。

第6章

改善

6-1

PDCAサイクルで計画的に実行していく

ここまで3ステップ営業法の中で、3ステップの手順やPRの方法についてご紹介してきました。

私が営業を支援させていただいている会社では、この方法を使った効果の平均値は以下の通りです。

ホームページアクセス率 ⬇ 4～5%

ホームページアクセス率は送信したメールに対して、興味を持ってもらいアクセスされた割合の平均値です。

100通のメールを送信して4～5件のアクセスがあるということです。

電話営業アポイント獲得率 ⬇ 10%

電話営業アポイント率はホームページにアクセスした企業に対して、電話営業を実施した件数に対する、獲得したアポイントの成果の平均値です。

実際の営業の現場では、すぐに売上成果に繋がらないこともあるかと思います。

もし、効果が出ない（平均的なホームページアクセス率に大きく達しない）ようであれば、営業戦略シートを見直し、メール文章、ランディングページ、電話でのトーク内容を修正してください。

戦略シートを練れば練るほど、メール文章の内容も変わり、ホームページのアクセス数も変わります。さらにその後の営業電話の結果も大きく変わります。

1回でよい結果が出ることもあれば、戦略シートの修正を何回か繰り返すことで結果に繋がることもあります。

大切なことは実際に電話営業を行い、顧客からヒアリングした内容や課題を社内で共有し、その課題に対して自社の商品でどのように解決出来るか検討し、次のプロモーションに活かしていくことです。

上手くいかない原因を突き止め、繰り返し改善していけば必ず成果に繋がります。

計画から実行、検証、改善までの流れは、ビジネスではよく知られているPDCAサイクルを実行していくことで確実に成果に繋がっていきます。

PDCAサイクルとは

PDCAサイクルという言葉は、ビジネスをされている方であれば一度は聞いたことがあるかと思います。

PDCAサイクルとは、Plan・Do・Check・Action の頭文字をとったもので、業務における品質の維持・向上および継続的な業務改善活動を推進するためのマネジメント手法の1つです。

計画→実行→検証→改善を繰り返すことで、次の計画に改善の成果を反映させ業務の質を継続的に向上させていくことが可能です。業務プロセスや生産プロセス、仕事の仕方などさまざまな局面でこの手法は活用されています。

Plan：計画

目標を設定し、目標達成のための具体的な実施事項、期日、数値等を設定します。

Do：実行

計画をもとに実行し、実施した結果を記録します。

Check：検証

計画と実施結果を照らし合わせ評価・検証します。

Action：改善

検証結果で明らかになった課題に対して、解決策を考え改善します。

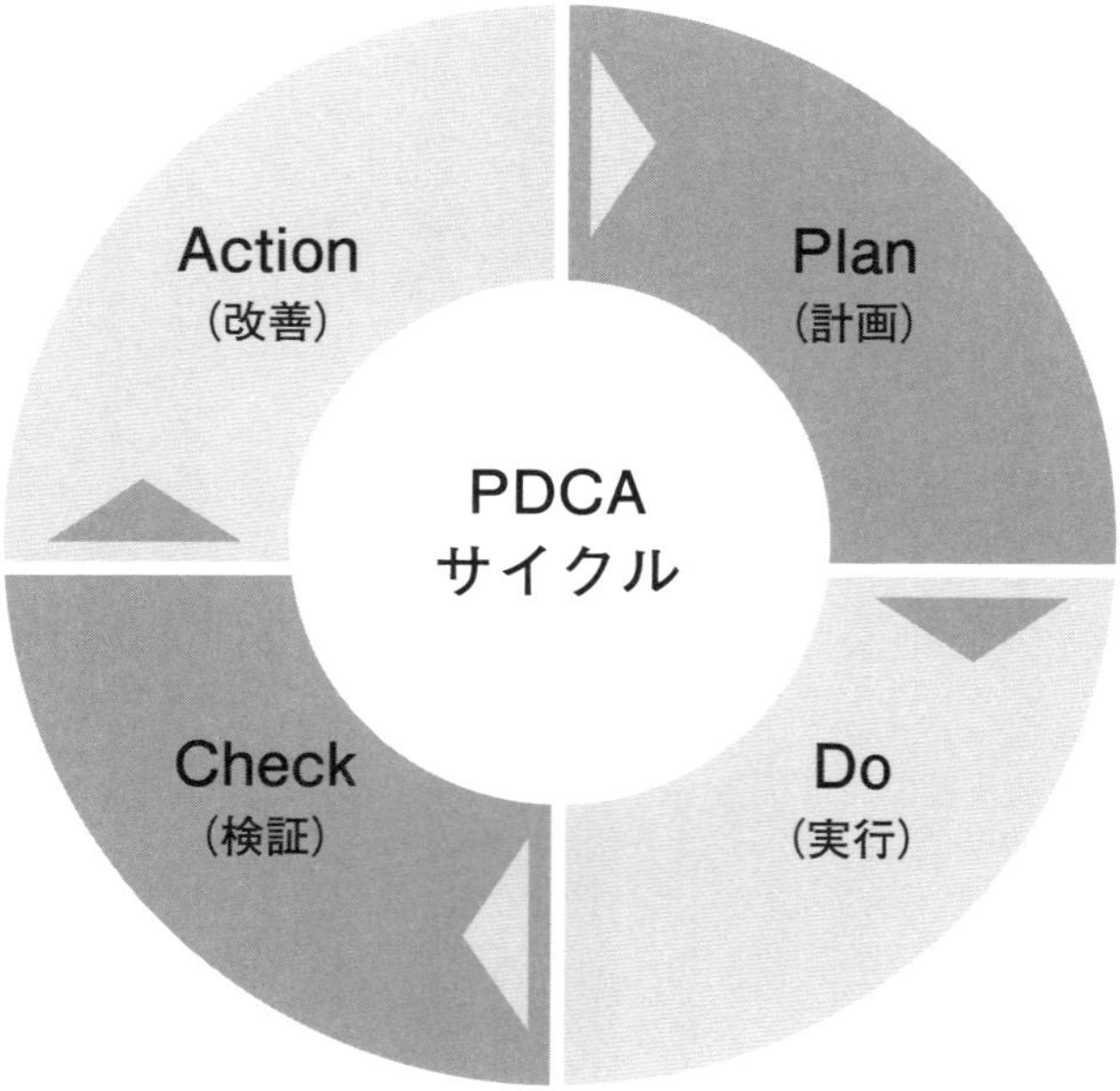

図6-1

営業が上手くいかない、よくなっていかないという会社のほとんどは、このＰＤＣＡが正しく実施されていないことが多いです。

私が相談を受けた会社の中で、成果に繋がらない企業の共通した特徴も、このＰＤＣＡに照らし合わせることで改善点が見えてきます。

営業が上手くいかない企業に共通した特徴

営業が上手くいかない企業によくあるケースは、以下の３つが多いです。

①計画の検証、改善がなく「営業手法」の見直しが繰り返される
②計画に数値目標や期日がなく、計画が実行されない
③計画、実行が担当者に委ねられている

①計画の検証、改善がなく「営業手法」の見直しが繰り返される

これが一番多いケースではないかと思います。

私が営業を支援しているケースに照らし合わせると、大概「営業の手法」の話から始まります。

これは決して悪い話ではありません。


営業手法とは、例えば「Ｗｅｂ広告を掲載する」「ＤＭを送る」などです。

その営業方法は、経営的に言うと「戦術」とも言い換えられると思います。


「その営業手法を使うとどのくらい費用が掛かるの？」

「その営業手法で結果はどのくらい出るの？」

「費用対効果はどうなの？」


営業の支援をしていると言って聞かれるのは、このような話がほとんどです。

もちろん、経営を行っているとすぐに結果を出さなければいけない、費用は出来るだけ抑えて、という視点は大切です。

しかし、それよりも大切なことは、まずは計画をしっかり立てて、実行すること。

そして、その結果を検証し、改善をすることが、それ以上に大切です。

もちろん、営業が上手くいかない企業でも、最初の計画的なものは立てています。

例えば、「Ｗｅｂ広告に月間30万円の費用を掛け、１契約10万円の売上を10本獲得する」

といった計画です。

この計画の是非は、一旦おいておくとして、実行した結果、売上が10本の計画に対して、
３本しか達成出来なかったとします。

その時の次の行動が非常に大切なのです。

まず、営業が上手くいっていない会社の多くは、次のような行動に出ます。

「ターゲットが悪かったんじゃないの？　ターゲットを変えよう」

「Ｗｅｂ広告は効果ないから、別の手法を考えよう」

「Ｗｅｂ広告を任せた代理店の力が無いから失敗した、代理店を変えよう」

そして、また次の営業手法の検討に入ります。

これを繰り返します。

ここでの間違いをＰＤＣＡに照らし合わせて検証してみると、次の通りです。

計画（Plan）：「Ｗｅｂ広告に月間30万円の費用を掛け、１契約10万円の売上を10本獲得するという計画を立てた」
実行（Do）：「Ｗｅｂ広告を30万円の費用を掛けて出した」
検証（Check）：「10本の計画に対して結果が３本だけだった」
改善（Action）：「営業手法を変える」

ということです。

しかし、これではＰＤＣＡになりません。

計画し、実行した結果、実績が伴わなかったのに原因を追求することをせず、十分な検証・改善をすることもなく、新たな計画を立て直しただけの話です。

つまり、**営業が上手くいかない会社の多くは、**

計画 ⬇ 実行 ⬇ 計画 ⬇ 実行

を繰り返す会社です。

これでは、商品も、プロモーションもよくなっていくはずがありません。

成功している会社は、このような結果になった時、「契約が3本しか獲得出来なかった原因は何なのか？」を徹底的に検証します。

そして、その原因を突き止め、改善を徹底的に行います。

この場合の改善とは「営業手法」の改善ではありません。

ターゲットに合致したプロモーション（顧客への商品の訴求方法）が出来ていたか？

自社商品は市場にニーズがあるのか？

このような検証を繰り返し、訴求内容や、商品自体も改善していきます。

このようなことを繰り返し行う中で商品が差別化され、顧客に響くプロモーション内容に変わっていきます。

②計画に数値目標や期日がなく、計画が実行されない

明確な期日や数値目標を持っていないというのも、売上が上がっていかない企業の特徴の一つです。

明確な期日や数値目標がないため、いつになっても計画が実行されない。そして結果として売上が上がらないという状況になります。

売上が上がっている会社からすると、そんな会社は無いと言われそうですが、意外にもこのような会社は多いです。

「今年度の年間売上目標は？」と聞かれれば答えられても、「今月の売上目標は？　現時点の達成率は？」と聞かれると全く答えられない会社があるのです。

これは計画（Plan）自体が無く、実行（Do）に移れないか何となく、決められた日々の営業活動を行っているケースです。

③計画、実行が担当者に委ねられている

会社としては計画、売上目標は提示しているものの、数値だけが担当者に降りているのが、このケースです。

その時の具体的な手法や手順などの指示は特になく、数値だけ計画通りにあげろという丸投げタイプです。

この場合、ＰＤＣＡは担当者任せとなり、結果として数値や分析に基づいた検証がされず改善もされないまま、成果に繋がらない営業を繰り返すといったケースは非常に多いです。

もし、あなたの会社も思い当たる節があれば、これをキッカケに是非見直してみてください。

次の項目では、ＰＤＣＡの実行の手順をＡＤＡ３ステップ・マーケティングにおいてどのように作成し、実行し、検証、改善をしていけばよいのか具体的にご案内します。

6-2

計画実行の手順

ＰＤＣＡサイクルの重要性をお伝えしましたが、それではこれから実際に商品を販売していこうと考えた時、具体的にどのような手順で進めていけばよいかをお伝えします。

計画を立てる（Plan）

第2章で、商品が売れていくには、３つの要素が大切であるとお伝えしました。
それは次の３つです。

- 商品
- ターゲット
- プロモーション

この3つを基本に計画（Plan）を立てていきます。

まず計画を立てる際、販売していく商品を決めます。

次にターゲットをどこに設定するかを決定します。その際、計画には3ステップのそれぞれのフェーズにおいて目標件数を設定します。目標件数は、業務の達成度を評価するための具体的な数値を設定します。当社が3ステップ営業法を実施した効果の平均値は、234～235ページに記載した、ホームページアクセス率、電話営業のアポイント獲得率の通りです。まずは目標件数を設定するところから始めましょう。

計画の作成の流れは、次の通りです。

図6-2　計画の流れ

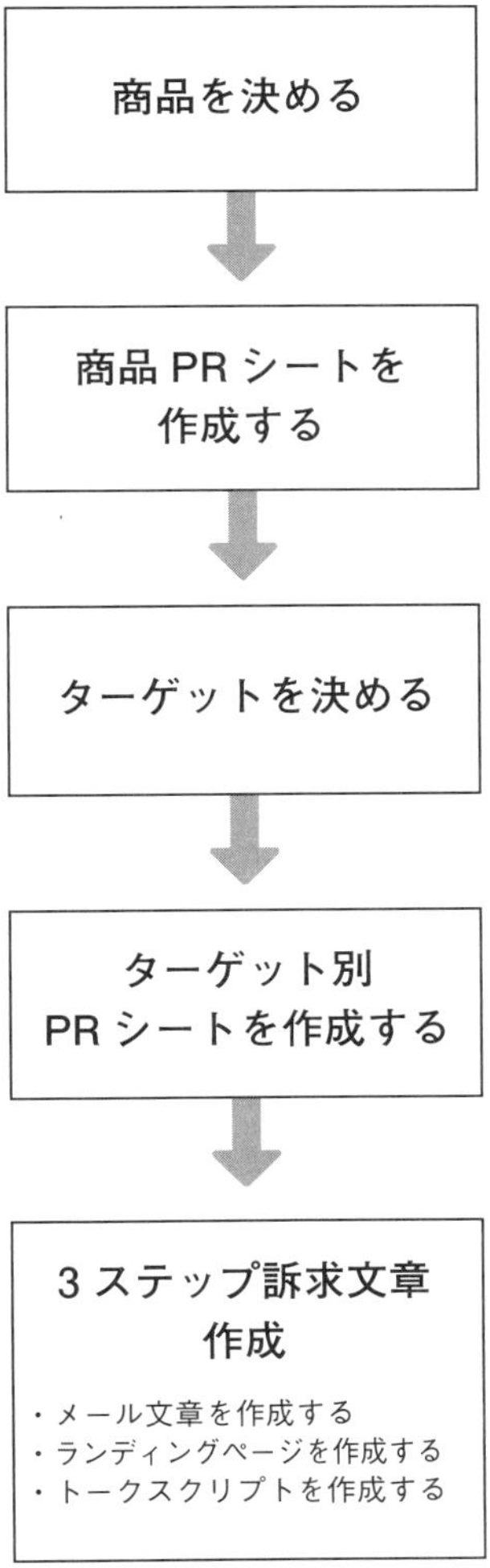

商品を決める
商品PRシートを作成する
ターゲットを決める
ターゲット別PRシートを作成する
3ステップ訴求文章作成
・メール文章を作成する
・ランディングページを作成する
・トークスクリプトを作成する

☑ 実行する（Do）

計画に則《のっと》って営業を実行していきます。

営業実行の手順は、1-3でご紹介した1カ月のスケジュールの流れを参考に3ステップ営業法を実行してください。電話営業で顧客と話した結果は、日報等に記載します。

また電話をした際、顧客から課題がヒアリング出来た場合は、その内容をメモとして残しておきます。

図6-3　実行の流れ

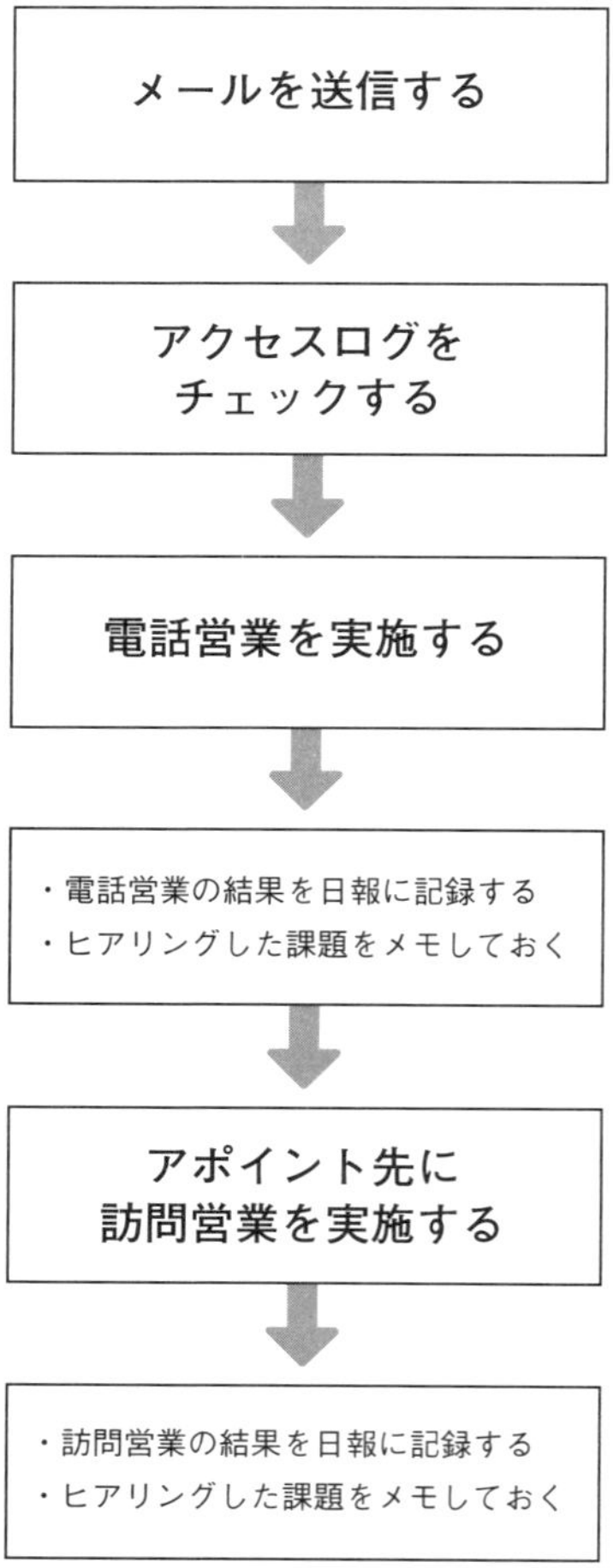
メールを送信する
アクセスログをチェックする
電話営業を実施する
・電話営業の結果を日報に記録する
・ヒアリングした課題をメモしておく
アポイント先に訪問営業を実施する
・訪問営業の結果を日報に記録する
・ヒアリングした課題をメモしておく

検証する（Check）

ホームページのアクセス率、電話営業によるアポイント獲得率を検証します。

計画段階で設定した目標数値に対して、実績がどうだったのかを検証します。そして実績が目標に達していない場合には、原因を探っていきます。

検証は、まずはプロモーション内容からチェックします。プロモーションの内容はメール文章、ランディングページにも影響しますが、電話営業をした結果、どの点で躓《つまず》いてしまうのか、どのキーワードが悪いのかなどを検証し、改善すべき点を明確にしていきます。

図 6-4　**検証の流れ**

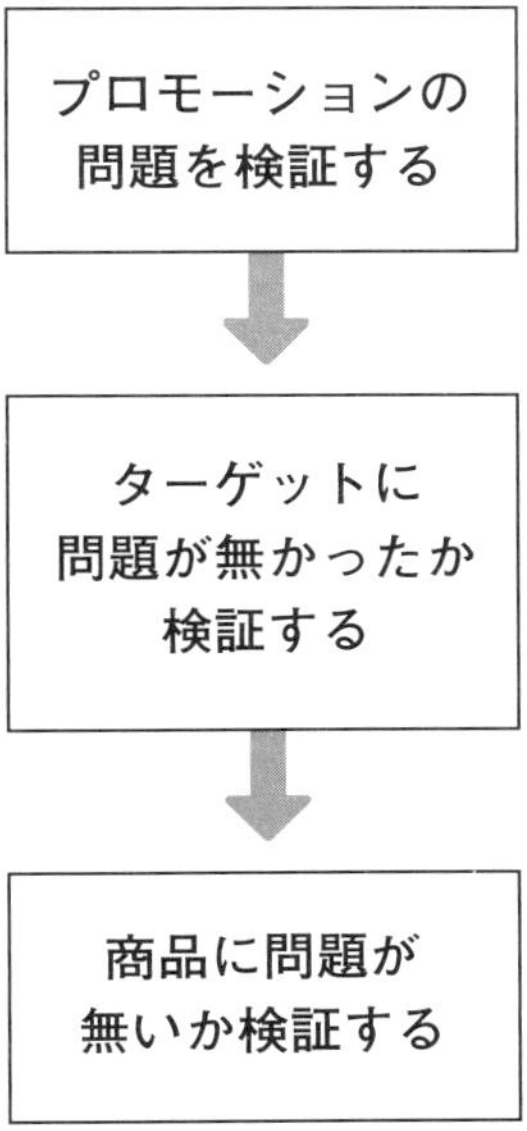

プロモーションの問題を検証する
ターゲットに問題が無かったか検証する
商品に問題が無いか検証する

実行した結果見えてくる課題

・ホームページのアクセスが少ない

メール文章の訴求内容がターゲットの課題と合致していない可能性があります。メール文章の構成やピックアップしている課題点などをまずは見直してください。

・電話営業のアポイント率が低い

もし、ホームページのアクセス数が目標数値に達しているのに、アポイントに繋がらない場合は、電話営業トークに問題があります。

様々な要因が考えられるため、本書の中ではそれらを一つひとつ解決出来ませんが、多くの場合は相手と会話が出来ていない場合が多いです。

実際の会話を録音するなどして社内の他の人にも聞いてもらい、会話が出来ているか、またどこで引っ掛かっているのかなどを検証します。

そして引っ掛かっている箇所がわかれば、その箇所をどのように改善すれば次に話が繋がるのか、社内で議論し改善策を検討する必要があります。

☑改善する（Action）

検証の結果、明らかになった点を改善し「3つの戦略シート」に反映させます。そして、その戦略シートを元に「メール文章」「ランディングページ」「営業トークスクリプト」を修正します。

図6-5　改善の流れ

3つの戦略 PRシート を修正する
↓
戦略シートに 合わせて ・メール文章 ・ランディングページ ・トークスクリプト を修正する

以上を繰り返し実施していくことで、3つの要素である商品、ターゲット、プロモーションがバランスよく機能してきます。次項目では、この3つの要素を改善したことによって、売れない商品が売れるようになった事例をいくつかご紹介します。

6-3 変えていくことで結果を出した事例集

ホテルがレストランをVIPなイベント会場に

ターゲットとプロモーションを変える

大手のシティホテルより営業の相談をいただきました。

このホテルは都心の一等地に立地しておりますが、平日にレストランや宴会場が埋まらないため、空いたレストランを企業に利用してもらおうと計画し、その営業の支援ということで当社にご相談がありました。

当初の計画としては、社内の宴会イベントや飲み会、自社会議室が埋まっている際の貸し会議室の代わりとしてご利用いただくというコンセプトで、企業に営業を実施していました。

「社内の飲み会や忘年会等がございましたら是非当ホテルをご利用ください」

「新入社員の研修時期など会議室の確保に困っていれば是非当ホテルをご利用ください」


といったコンセプトの訴求内容でした。


営業ターゲットも特に定めずホテルに近い住所の企業に対して、電話営業を実施していました。

ところが営業をしてみると、ホテルが都心にあるため、ほとんどの企業は、飲み会は近くの居酒屋ですませているという回答がほとんどでした。

貸会議室を必要としている企業は、ほとんどが小さな会社ばかりで、このホテルが持っているレストランではその広さも料金も全くマッチしませんでした。


そこで飲み会の宴会場、貸会議室という商品の打ちだし方に問題があるのではと想定し、まずターゲットを練り直しました。

そもそもこのホテルのウリは、２００~３００名を収容出来る広さの豪華なレストランです。そのレストランを使う企業を想定すると、中堅規模から大手に絞った方がよいと判断しました。

そして、その規模の企業がどのような用途であったら、自分たちのレストランを利用したいと思うだろうかと検討した結果、自動車等の高級な商品の発表会や、ＶＩＰな取引先を一括で接待するようなイベントがよいのではないかということになりました。

そして、その内容でプロモーションを作成し直し、高級感を前面に出したプロモーションの仕方に変え、営業を実施しました。

その結果、近くで高級なイベントの開催場所を探していた多くの大手企業から問い合わせをいただき、多くの取引に繋がりました。

実はこのホテルも最初に自社で電話営業していた段階から、このコンセプトは想定しており、相手先の企業にも「発表会」「ＶＩＰなイベント」のご利用もご案内はしていたのです。

ところがその時上手くいかなかった理由は、ターゲットが絞り切れておらず、色々なニーズを拾おうと、飲み会や貸会議室といったキーワードを一緒にアピールしていたため、商品（レストラン）の打ちだし方が分散し、レストランの価値を下げるようなプロモーションになってしまっていたからです。

ターゲットを思い切って絞り込むことによって、よりレストランのウリが際立つことになり、期待する顧客の獲得に繋がった例です。

このように間口を広くし、多くのニーズに対応しようと考える企業は以外に多いのですが、それはかえって商品の強みを見えにくくしてしまい、どのターゲットにも響かない商品になってしまいます。

このことからもターゲットの属性を徹底的に絞り、そのターゲットが抱えている課題に応えられる商品プロモーションをするのが大切になるのです。

このケースのポイントは「ターゲットの明確化」と「そのターゲットに合わせた商品プロモーション」でした。

特殊な技術を同業他社に

ターゲットを変える

町の小さな印刷会社から営業の相談をいただきました。

この会社は従業員が20名ほどの印刷会社で、高度成長期には非常に景気もよかったのですが、経済状況の悪化と、電子化の流れの中で印刷の需要が減り、さらに追い打ちを掛けるようにインターネットで展開する安価な印刷サービスとの競争から、徐々に経営が苦しくなり、相談をいただいたわけです。

ご相談をいただいた少し前に、この企業は安価なインターネット印刷サービスの会社に対抗するために、厚手の用紙に印刷出来る特殊な機械を導入していました。

この機械を使い厚紙の需要（化粧箱など）のある企業を獲得しようと営業を実施したとのことでした。

コンセプトとしては、

「サンプル制作・小ロットからお請けする低価格・短納期で作成出来る化粧箱の制作」

といったコンセプトの訴求内容でした。

この内容で製造業を中心とした企業にアプローチをしたところ、少しの引き合いはあったものの、元々小ロットで低価格というウリであるため、大量の引き合いがない限り、手間ばかりが掛かり全く儲けにならないビジネスであることに気づいたそうです。

そこで当社にご相談に来られたわけですが、話を聞いてみると、このような小ロットで自由なデザイン印刷の化粧箱を作ってくれる企業は少ないという話を製造業の社長から聞いたそうで、確かに一定の需要があることがわかりました。

ところがそのような需要をどの企業が持っているのかわからないし、それを手当たり次第に営業するコストも人もいないということで悩まれていました。

そこで自社で取引の無い製造業に対して、再度ヒアリングを目的に電話を掛けてみたところ、どの製造会社も「今そのような箱の需要はない。もしそのような要望が発生しても既に決まって取引している印刷会社に相談するから」という回答がほとんどであることがわかってきました。

ただこの印刷会社の社長さんに言わせると、町の印刷会社では、そのような機械を持っているところがないし、そのような要望に対応出来るはずはないと思うとのことでした。

そこで同業の印刷会社に営業をしてみませんか？　と提案しました。

それは、もし社長が言われる通り、町の印刷会社が小ロットの化粧箱制作に対応出来ないのであれば、そのような依頼は断っているのではないかと考えたからです。

そこで印刷会社が断っているのであれば、それを拾っていこうという発想したわけです。

思った通り、この予想は的中しました。町の印刷会社は取引先からそのような相談があっても、断ってしまう会社がほとんどだったのです。

そもそもそれほど多い案件ではないため、そのような面倒な案件の相談にのってもお金にならないから断っているとのことでした。

また断っていること自体にも何の課題も持っていませんでした。

ところが、「その対応をすべて当社が代わりに実施させていただきます」と提案してみると、たくさんの印刷会社から非常に多くの引き合いをもらうことが出来ました。

多くの引き合いをもらえた理由は、それらの印刷会社に対して「既存の取引先だけではなく、新規顧客の開拓の際の武器として、当社の小ロット化粧箱を提案していきませんか？」とアピールしたことが響いたからでした。

このようにして、この印刷会社は大きな注文ではないものの、沢山の同業企業から注文をもらうことで業績を回復させせました。

このケースは、ターゲットを「エンドユーザ」から、「同業の印刷会社つまり取次店」の開拓に切り替えたことが功を奏した例です。

ドローン空撮を業務に

プロモーションを変える

映像制作と動画編集を行っている会社から営業の相談をいただきました。流行《はや》りのドローンを導入して空撮を行っているため、その需要を掘り起こしたいとのことでした。

「ターゲットは?」と聞くと、空撮によって映える商品やサービスを取り扱っている会社とのことでした。

例えば、遊園地、ゴルフ場、スキー場のようなアトラクションのある企業。建築会社に対して新築の建物の完成を空からの写真や動画で訴求したいというものでした。

最初は、ご依頼者の求めるコンセプトで営業を実施しました。ところがアトラクションのある企業などはそのような試みを既に実施しており、動画も作成済でした。

また建築会社に至っては、その訴求内容では全く興味を示してくれることはありませんでした。

しかし電話営業を行っていく先でヒアリングを実施したところ、ある建築会社から、「うちは既に使っているよ」というお話を聞くことが出来ました。

聞いたところによると、この建築会社はリフォームの提案として、屋根や高い壁など通常ではチェックの出来ない場所を、ドローンを使って写真を撮り、顧客に提案をしているとのことでした。

電話営業をしている中で、相手から非常によいヒントをもらったのでした。

そこでこの映像制作会社は、建築やリフォームを行っている企業に対して、「屋根や高い壁などドローンでチェックし、リフォーム提案をしませんか?」という訴求内容で営業を実施したところ、多くの建築企業から引き合いをもらうことが出来ました。

この映像会社は元々、建築会社を対象にドローン利用の提案はしていたのですが、上手くいきませんでした。

営業においては非常に重要なヒントがここにあります。

顧客は、商品そのものを案内しても「この商品が自社のどの課題を解決してくれるのだろうか」とは考えてはくれないということです。

商品を相手に訴求する時は顧客が抱えている課題をピンポイントで指摘することによって初めて、「その手があったか、では自社も使ってみよう」となるのです。

この例は、「プロモーション」の方法を変えることで、同じターゲット、同じ商品であっても取引先を増やすことの出来た事例です。

ここでのポイントは、ヒアリングを行ったことで新たな訴求ポイントを発見出来、プロモーションを変更出来たことです。

人材研修コンサルタントが人材紹介会社と連携

商品を変える

人材研修を行っている会社から営業の相談をいただきました。

この会社は人材研修（新人研修・マネージャー研修）を行っているのですが、新たな取引先の開拓にお悩みで、ご相談がありました。

顧客獲得のために、1日体験セミナーを企画し、研修を体験してもらったり、ネットで広告を出したりするものの、思ったような成果は出なかったとのことで、相談に来られたわけです。

また時を同じくして人材紹介会社からご相談がありました。

この会社はスポーツでプロの道に進んだものの、大きな成果が残せず、第2の人生を選択しなければならないアスリートをご紹介する、という人材紹介のビジネスをしている会社でした。

この会社は世の中の人材不足の波に乗って少しずつ経営はよくなっているものの、実際に企業が求めているのはビジネス経験があり、即戦力になる人材で、思ったように営業が進まないとのことでした。

また競合他社も増えてきていることもあり、ここで一気に差別化して大きくビジネスを成長させたいとのことで、ご相談がありました。

そこで当社は、この人材研修会社と人材紹介会社を引き合わせ、協業で商品を作ってみてはどうかと提案しました。

ビジネスモデルとしては、ビジネス経験の無いアスリートを、専門分野の研修をひと通りしてから企業にご紹介するといったビジネスにしたのです。しかもご紹介後も定期的に研修コンサルタントがその後の経過を見て、不足しているスキルを研修するところまで責任を持ちます、といったビジネスモデルにしました。

このビジネスモデルを作ったことで、アスリートの人材に付加価値が付き、企業からの引き合いが増えました。人材紹介会社は自社の弱みだったビジネススキルの無い人材というデメリットを払拭し、同業他社と差別化し多くの企業から引き合いをいただくことが出来るようになりました。

また人材研修会社は、人材に行う付加価値（研修）の部分で収益を得ることが出来たばかりでなく、紹介先の企業に対して定期的に紹介者の面談という名目で訪問する機会が増え、自社で研修して送りだした人材だけでなく、訪問先の既存のスタッフの研修も任せてもらえるようになりました。


この例は、自社の商品・サービスの弱い点を他社の商品と組み合わせたことで「商品自体」を変えて取引先を増やした事例です。


ここでのポイントは、自社の弱点を補うために、他の企業と組んだことです。

そして協業した企業とお互いがWin-Winになるビジネスモデルを構築したことです。

これがどちらか一方のメリットだけにしかならなければビジネスは成立しません。

ビジネス協業で成功するポイントは、双方がWin-Winになるビジネスモデルを作れるかどうかということです。

それが成功した事例です。

☑ ビジネスサポートから「IT専門救急センター」へ

商品とプロモーションを変える

企業向けのビジネスサポートを行っている会社から営業のご相談をいただいた例です。この会社は企業内の仕事（名刺入力代行、パソコンの相談、社内のレイアウト変更）など何でもお受けします、といったビジネスを行っていました。

この会社からは電話営業の代行のご依頼をいただきました。

企業内のこまごまとした仕事は結構要望が多いと感じており、当初ご依頼いただいた際は、このビジネスであればアポイント獲得は簡単なのではないかと思っていました。ところがいざ電話営業を行ってみると全くアポイントに繋がりません。

ほとんどが「面白いね。でも今は特に必要なことは無いから、資料だけ送っておいて」という反応で、アポイントに繋がることはありませんでした。

決して断り文句という印象ではありませんでしたが、アポイントに繋がらない理由は電話をしてみて相手の反応で明らかになりました。

理由は「ビジネスの内容について会って確認するような疑問点が無い。知りたいことが無い、わかりやすすぎるビジネスである」からだとわかりました。

電話口の相手に大切な業務の時間を割いてわざわざ会ってもらうには、相手側に会うことによるメリットが必要です。相手に会って確認したい理由づけが必要になります。

原因を検証した結果、電話先の企業からは「専門性が無く誰でも出来る仕事をスポットでお願いが出来る」くらいのビジネスにしか捉えてもらえなかったため、相手がビジネスについて深掘りしたいことが浮かばなかったのだろうという結論に至りました。

案の定、何かあったら電話すると資料を送っても、仕事の依頼は3カ月過ぎてもくることはありませんでした。

そこで、業務を絞り特定分野だけに特化することにしました。

多くの中小企業が苦手なＩＴ関連だけに絞り、サービスを「ＩＴ専門救急センター」として打ちだすことにしました。

また困った時にすぐに思い出して声を掛けてもらえるよう、会社の連絡先の入ったマグネットシールを作成してデスクに貼ってもらい、いつでも連絡先がわかるようにしました。

マグネットシールを作成したことで「まずはマグネットシールをお渡しに伺いたい」といった切り口で訪問する理由も出来ました。

またサービスをＩＴだけに絞ったことで専門性が生まれ、簡単なパソコンのセットアップやネットワークの敷設作業から関連する仕事まで任せられ、取引を広げることが出来るようになりました。

この例は最初のホテルの例とも似ていますが、専門性を打ち出さなければ、どんなによいものでも相手には価値が無いもののように見えてしまい、仕事に繋がらないといった例です。

また、相手に会う動機づけをどのように作ったらよいかという点でも参考になる例ではないかと思います。

以上ご紹介した事例は、最初は上手くいかなかった営業が3つの要素（商品・ターゲット・プロモーション）のどれかを変更したことで改善した例です。

このように営業は1回で結果が出ない場合がほとんどです。

しかし、営業を実施し、顧客の声を聞きながら上手くいかない理由を明確にして、検証を繰り返すことで、改善の糸口は必ず見えてくるものです。

まずは検証し、改善を繰り返すことがとても重要なのです。

ふろく

3ステップ営業法の実施手順まとめ
ツールのダウンロード方法

ふろく①

3ステップ営業法の実施手順まとめ

3ステップ営業法（メールを送信する、アクセスログを取得する、電話営業をする）の手順を、**PDCAサイクル**に沿ってまとめておきます。各項目に戻らなくても、ここですべての手順が再確認出来ます。ここまでご説明してきた内容に沿って計画を立て、以下の手順で実施していってください。

①計画を立てる（Plan）

ターゲットを明確にし、何の商品をどのようにPRしていくのか、また、売上目標と具体的な営業手法などの営業計画をまとめます。

●P246「第6章-2 計画を立てる（Plan）」参照

②事前準備

計画に則り、スムーズに3ステップ営業法を実行していくために、事前準備は欠かせません。商品、ターゲット、プロモーションの3つの要素をバランスよく機能させた営業戦略シートをまとめ、「メール文章」「ランディングページ」「電話営業トーク集」を作成します。

(1) 営業戦略シートを作成する

- ●自社PRシート（C）：P074「第2章-3 事前準備 自社PRシートを作る」参照
- ●商品PRシート（P）：P078「第2章-4 事前準備 商品PRシートを作る」参照
- ●ターゲット別PRシート（T）：P084「第2章-5 事前準備 ターゲット別PRシートを作る」参照

(2)「メール文章」「ランディングページ」「電話営業トーク集」を作成する

- ●メール文章：P112「第3章-6 メール文章の作成方法」参照
- ●ランディングページ：P176「第4章-5 注意を引く魅力的なランディングページを作る」参照
- ●電話営業トーク集：P207「第5章-3 受付突破のテンプレートトーク」、P221「第5章-4 Actionブロック：アポイントを獲得する」参照

③実行する（Do）

(1) 3ステップ営業法を1カ月単位で実行する

●実施スケジュール：P051「第1章-3 3ステップ実施の1カ月の流れ」参照

(2) メールを送信する

メールを送信し注意を引き関心を持ってもらい、ホームページに誘導します。

●企業リストを作成する：P104「第3章-4 ②企業情報を企業リストに記載する」参照
●メールを送信する：P108「第3章-5 ③メールを送信する」参照

メール文章には必ず個別ＩＤを埋め込んだＵＲＬを記載します。

http://あなたのホームページのURL?kcid=個別ID

※個別ＩＤは企業ごとに個別に割り振った重複の無いＩＤ

(3) アクセスログを取得する

欲求を喚起し、ホームページを見てくれたニーズのある潜在顧客を獲得します。

●アクセスログを取得する：P150～175「第4章-2～第4章-4」参照

Googleアナリティクスで「kcid=個別ID」が入ったアクセスログを確認します。

(4) 電話営業をする

「あなたの会社の信頼を獲得」し、「対面商談」を取り付けます。

●受付を突破する：P202「第5章-3 受付をどのように突破して、目的の担当者・決裁者に繋いでもらうか?」参照

●決裁者から対面商談アポイントを獲得する：P211「第5章-4 担当者・決裁者から対面商談アポイントを獲得出来るか?」参照

④ 検証する（Check）

1カ月の実施結果を集計し、検証します。計画で立てた売上目標を達成出来たか？ ホームページのアクセス数や、電話営業のアポイント成果は目標数値を達成出来たか？ などを検証し、達成出来なかった場合は原因を追求していきます。

●P249「第6章-2 検証する（Check）」参照

⑤改善する（Action）

検証結果から明らかになった課題を改善し解決し、再度「①計画を立てる（Plan）」に戻り、翌月の計画を実施します。

● P251「第6章-2 改善する（Action）」参照

ふろく②

☑ ツールのダウンロード方法

本書でご紹介した営業戦略シートや、
メール送信・問い合わせフォーム送信に便利な
ソフトウェアのダウンロードが出来ます。

【ダウンロードサイト URL】

http://dmshare.com/sample_book1/

【ダウンロード出来るソフトやファイル】

● Web 問い合わせフォーム自動入力ソフト（無料）

主な機能

・メール文章に個別 ID を自動で差し込みながらメールを送信
・問い合わせフォームの入力エリアに自動で値をセット
・会社概要から企業情報を自動で収集し、企業リストにセット

●企業リストテンプレート .xlsx
●自社 PR シート .xlsx
●商品 PR シート .xlsx
●ターゲット別 PR シート .xlsx

【ダウンロードのやり方】

①上記ダウンロードサイト URL にアクセスします。
②サイトに書かれた手順に沿って、希望するアイテムをダウンロードします。

おわりに

最後までお読みいただき、ありがとうございました。
この書籍が、皆さまの売上アップに繋がる営業の一助になれば幸いです。

企業経営は営業が上手くいけば売上は安定し、その他の大概のことは乗り切れます。逆に営業が上手くいかなければ売上は落ち込み、企業の存続さえも危うくなります。それほど、営業が企業活動に占める重要性は高いということだと思います。そういった意味では、営業活動は企業経営をしている以上避けては通れないのです。

今回ご紹介した「3ステップ営業法」と「ADAマーケティング」は、私が起業をしてから実践し、危機を脱した営業方法です。
ですので、この方法を実践していただければ、私と同じように新規顧客の獲得が出来ずに売上アップに悩んでいる企業の皆様には、間違いなく結果に繋げていただけると信じています。

しかし、この方法がすべての企業、すべての商品・サービスに対して万能なわけではありません。

取り扱っている商品や、売り先のターゲット、地域性や営業マンの人間性などの違いによって結果は変わってきます。


同じ商品を、同じターゲットに、同じ営業手法で実施したとしても、同じ結果になるとは限りません。

つまり営業には、コレをすれば必ず上手くいくといった、万能薬のようなものは存在しないのです。


ただ、私が多くの企業を見てきて断言出来るのは、立てた計画を実行して、検証して改善点を見直すことを繰り返している会社は、必ず自社の商品・サービスに合った営業手法に出会い、確実に売上を伸ばし、成長しているということです。

この繰り返しを愚直に繰り返せるかが、事業の成否を分けるのではないかと思っています。

結果に繋がるまでの時間は、企業それぞれで違います。

でもどんなに成功しているように見える企業でも、間違いなくどこかのタイミングで同じ苦労と努力をして今の成功があるのだと思います。
私も一人で起業し、売上の伸びない苦しい時期を過ごしました。
でも今は、その時のような不安は一切ありません。

それは、この3ステップ営業法を実行することで、自分のビジネスの強みや課題を明らかに出来ることがわかったからです。
そして、その課題に対して改善と実行を繰り返せば必ず成功するという「絶対に成功にたどり着ける不変の法則」を知ったからです。

今回ご紹介した「3ステップ営業法」は、戦術的なツールや手法は違っても、商品やサービスを人に対して訴求している限り、根幹にあるADAマーケティングの考え方は、変わることはありません。

是非、今回ご紹介した方法をきっかけに、皆さんの不変の売上アップ法則を見つけていただきたいと思います。

熊谷　竜二

著者紹介
熊谷竜二（くまがい・りゅうじ）

1968年千葉県出身。営業支援コンサルタント。株式会社ナレッジコンサルティング代表取締役。

1992年キヤノンマーケティングジャパン株式会社（東証一部上場）に就職後、企画力と実行力が評価され20代で開発リーダーに就任。全社的な業務システムを次々に立ち上げる。それらの先進的なシステムは日経コンピュータなど多くの雑誌に取り上げられ、その技術について全国を講演。30代で「IT技術を使った営業支援コンサルタント」に抜擢され全国のキヤノン販売店（中小企業）の営業コンサルティングに従事。

その経験を武器に40歳になった2009年に18年務めたキヤノンを退社し起業。時はリーマンショックの数カ月後という大不況。妻と中学1年生を筆頭に3人の息子を抱え1年半まったく売上が立たない生活に陥る。退職金の貯金が底をつき、とてつもない恐怖と絶望を味わう。

そんな苦労の中、自身の営業を改善するために「自分のサービスに興味を持っている人（企業）が事前にわからないだろうか」というシンプルな発想から「ホームページを見た企業がわかる、つまり自社のサービスに興味を持っている企業がわかる」営業支援システム（特許出願済）を発案。この仕組みを使い自社営業を実施したところ、売上が上昇。

このシステムを自分と同じ営業に苦労している人のために、電話営業の代行をセットにした「営業丸ごとパック」を発売すると爆発的に売れ会社の売上は安定し、生活は改善。新規顧客の獲得に特化し他社にない唯一無二のそのサービスは、商談獲得率が通常1～2％といわれる中、平均16.5％（成果数／架電企業数）を記録。その営業支援システムは先進的な考え方と成果の高さから、大手から中小ベンチャー企業まで、累計1000社以上の企業で活用され、高く評価されている。

3ステップで誰《だれ》でも出来《でき》る無料《むりょう》のWebマーケティング

自社《じしゃ》ホームページにアクセスした企業《きぎょう》を「見《み》える化《か》」して、10件《けん》の電話営業《でんわえいぎょう》だけで売上《うりあげ》をアップさせる技術《ぎじゅつ》

2018年5月18日　発行　NDC675

著　者　熊谷竜二《くまがいりゅうじ》
発行者　小川 雄一
発行所　株式会社 誠文堂新光社
〒113-0033 東京都文京区本郷3-3-11
（編集）電話 03-5800-5753
（販売）電話 03-5800-5780
http://www.seibundo-shinkosha.net/

印刷所　星野精版印刷 株式会社
製本所　和光堂 株式会社

ISBN978-4-416-61852-3